岭南文化书系
潮汕文化丛书

潮州商帮

黄　挺　陈利江　著

暨南大学出版社
JINAN UNIVERSITY PRESS
中国·广州

图书在版编目（CIP）数据

潮州商帮/黄挺，陈利江著．—广州：暨南大学出版社，2011.8（2022.3重印）
（岭南文化书系·潮汕文化丛书）
ISBN 978-7-81135-794-3

Ⅰ.①潮…　Ⅱ.①黄…②陈…　Ⅲ.①商业史—潮州市　Ⅳ.①F729

中国版本图书馆CIP数据核字（2011）第058926号

潮州商帮
CHAOZHOU SHANGBANG
著者：黄　挺　陈利江

出 版 人：张晋升
责任编辑：陆祖康
责任校对：曹　瑞
责任印制：周一丹　郑玉婷

出版发行：暨南大学出版社（510630）
电　　话：总编室（8620）85221601
营销部（8620）85225284　85228291　85228292　85226712
传　　真：（8620）85221583（办公室）　85223774（营销部）
网　　址：http：//www.jnupress.com
排　　版：广州市天河星辰文化发展部照排中心
印　　刷：广州一龙印刷有限公司
开　　本：787mm×1092mm　1/16
印　　张：11.625
字　　数：193千
版　　次：2011年8月第1版
印　　次：2022年3月第4次
定　　价：58.00元

（本书所涉个别图片，如属个人版权，见书后请函告出版社，以便支付薄酬）

岭南文化书系·前言

五岭以南，素称岭南，岭南文化即岭南地区的人民千百年来形成的具有鲜明特色和绵长传统的地域文化，是中华文化的重要组成部分。由于偏处一隅，岭南文化在秦汉以前基本上处于自我发展的阶段，秦汉以后与中原文化的交流日益频繁。明清以至近代，域外文化不断传入，西学东渐，岭南已经成为传播和弘扬东西方文明的开路先锋，涌现出了如陈白沙、梁廷枏、黄遵宪、康有为、梁启超、孙中山等一大批时代的佼佼者。在20世纪70年代末开始的改革开放的浪潮中，岭南再一次成为试验田和桥头堡，在全国独领风骚。

在漫长的发展过程中，岭南文化形成了兼容、务实、开放、创新等诸多特征，为古老的中华文化的丰富和重构提供了多样态的个性元素和充沛的生命能量。就地域而言，岭南文化大体分为广东文化、桂系文化、海南文化三大板块，而以属于广东文化的广府文化、潮汕文化、客家文化为核心和主体。为了响应广东省委、省政府建设文化大省的号召，总结岭南文化的优良传统，促进岭南文化研究和传播的繁荣，在广东省委宣传部的指导和大力支持下，暨南大学出版社组织省内高等院校和科研机构的专家学者编写了这套《岭南文化书系》，该书系由《广府文化丛书》、《潮汕文化丛书》及《客家文化丛书》三大丛书共30种读本组成，历史胜迹、民居建筑、地方先贤、方言词曲、工艺美术、饮食风尚无所不有，试图从地域分类的角度完整展现岭南文化的风貌和精髓。在编写过程中，我们力图做到阐述对象的个性与共性相统一，学术性与通俗性相结合，图文并茂，雅俗共赏。我们希望这30种图书能够成为介绍和宣传岭南文化的名片，为岭南经济和文化建设的再次腾飞提供可资借鉴的精神资源。

需要说明的是，本书系曾获批为2009年度“广东省文化产业发展专项资金”资助项目，在项目申报和丛书编写过程中，广东省委宣传部的领导多次给予指导，并提出了许多宝贵的意见；中山大学、华南理工大学、华南师范大学、广州大学、韩山师范学院、佛山科学技术学院、韶关学院、嘉应学院以及暨南大学的有关领导和专家学者也给予了大力支持和帮助，在此我们一并致以诚挚的谢意！

《岭南文化书系》编委会

2011年6月18日

目　录

一、省尾国角：潮州商帮兴起的地理环境

（一）地理

1. 潮州的位置

我们的叙述从亚洲大陆东部，面对着台湾海峡和南中国海交界处的这一块土地开始。

隋朝末年，这块土地有了“潮州”这样一个名字。作为州府一级的地方行政单位，这个名字一直沿用到1911年清朝的统治结束。在这个过程中，潮州的地域有伸有缩。如果从本书的主题出发，我们会把它限定在清代的潮州府，或者说，今天广东行政区划里的汕头、潮州、揭阳三个市，还有属于梅州市的丰顺和大埔两个县。

在亚洲的东部，中国的海岸线，对着西太平洋划出了一道弧，像一把大弓。大弓的外缘，从北到南，有渤海、黄海、东海、南海四个海域。

从海上向海岸眺望，这道长长的弧线，除了黄河、长江、珠江这几条大河的河口，其他地方都是起伏连绵的山峦。山和海之间，那一条狭小的带子，分布着低丘、台地和小片的平原。这就是中国的沿海地区。

潮州是沿海地区的一部分。它的位置在大弓弓弝的下缘，前面的海域是台湾海峡的出口，与南海连接。潮州的东北是峰峦起伏的凤凰山区。韩江从峡谷里泻出，慢慢地流淌过小小的平原，分成十几道支流汇进大海。潮州城就建在峡谷口，背后云山重叠。在潮州城西边，从揭阳城和潮阳城翘首向西北望，高峻绵延的莲花山脉，像成千上万

匹烈马欢腾簇拥，奔向海边。这道山脉成为潮州和省城之间交通的障碍。

对于中国，潮州是边缘；对于广东，潮州也是边缘。潮州人喜欢讲，自己的故乡是“省尾国角”。不管是自嘲，还是自诩，用这个词来说明地理位置，是比较准确的。

潮州的海岸曲折蜿蜒，有很多天然的良港。沿海岛屿丛礁密布，最大的岛屿是南澳岛。在帆船时代，南澳岛是环中国海航行的、很重要的港口和望山。

2. 环中国海周边地区

在中国大陆海岸线两侧各有一个半岛，北边的朝鲜半岛和南方的中南半岛。而环中国广阔的水域上，分布着大大小小的岛屿。这些半岛和岛屿分属众多的国家和地区，它们很早就和中国大陆有了商贩贸易的历史。台湾岛的北边及东海海域，有琉球群岛和日本；台湾岛的南边及南海海域，分布着世界上最大的岛群。

这个地区的很多国家，很早就和中国通商。明朝万历年间，海禁放松了。由于商业贸易的需要，环中国海域的地理知识也受到许多人的关注。人们把这个地区划成两个部分——东洋和西洋。徐应秋在《玉芝堂谈荟》书里说：

> 今东西洋通贩诸国，西洋则交趾、占城、暹罗、下港、加留吧、东埔寨、大泥、旧港、麻六甲、哑齐、彭亨、柔佛、丁机宜、思吉港、文郎马神、池闷，东洋则吕宋、苏禄、猫里务、沙瑶呐哔嘽、美洛居、文莱、鸡笼、淡水。①

在这段时间人们的知识观念中，“东洋”是指南海东侧的众多岛屿，包括今天的菲律宾、文莱和印度尼西亚的马鲁古群岛；“西洋”指南海西侧的中南半岛和众多岛屿，包括今天的越南、老挝、柬埔寨、泰国、马来西亚、新加坡这些国家和印度尼西亚的大部分领土。

不过，到康熙年间，中国人的眼界逐渐开阔。那个时候的文献里，“西洋”开始成为对来自马六甲海峡以西的欧洲的专称；“东洋”也被

① 《玉芝堂谈荟》卷一“外藩朝贡”。与徐应秋（？—1621 年）同时，张燮的《东西洋考》、清初黄叔璥的《台海使槎录》卷二“商贩”条，记载大同小异。

用来指称日本；而南海周边地区，则被称为“南洋”了。

3. 季风

古代海上的交通工具是帆船，帆船航行靠风力。那时候，中国人与环中国海域周边国家通商，使用帆船，离不开季风。

东亚是有名的季风区之一。每年夏季，西南季风从南海洋面吹向东亚大陆，带来海上的清爽。古人给西南季风取了一个名字，叫做“舶趠风”。苏东坡的《舶趠风》诗前面有一段小引：

> 吴中梅雨既过，飒然清风弥旬，岁岁如此，湖人谓之舶趠风。是时海舶初回，云此风自海上与舶俱至云尔。（苏轼：《东坡全集》卷十一）

这个时候，从南洋出发的船舶可以借助风力驶往中国。在中国东南沿海，千艚万艘，也满载着货物，趁着“万里初来舶趠风”出发前往江南、山东、天津，再北上日本。

到了晚秋，东北风从亚洲内刮起，吹向海洋。入冬，大风伴随着寒潮，肆虐于东北亚大陆。寒风吹到海上，却成为人们出行的动力。帆船从日本和中国北方的港口起航。闽粤的船队也在东北风的帮助下，穿越南海，到南洋各国贸易。

郑和下西洋的航海活动让我们可以看到：中国沿海地区的居民，对季风活动的规律已经有很深刻的了解，并能很好地加以利用。永乐三年到宣德八年（1405—1433 年），郑和率领着庞大的船队，七次下西洋，出航和返航的日期，大多都根据季风的活动规律来安排。在季风吹拂之下，船队南下北归，“云帆高张，昼夜星驰，涉彼狂澜，若履平地”（祝允明：《前闻记》）。《前闻记》还保留着郑和第七次下西洋的一段日程记录。为了让读者一目了然，我们把这段文字列成表格，并把日期转换成公元纪年：

	记录日期	公元纪年	行程
往西洋	宣德五年　闰十二月　六日	1431 年 1 月 19 日	龙湾开舡
	十日	1431 年 1 月 23 日	到徐山，打围
	二十日	1431 年 2 月 2 日	出附子门
	二十一日	1431 年 2 月 3 日	到刘家港
	宣德六年　二月　二十六日	1431 年 4 月 8 日	到长乐港
	十一月　十二日	1431 年 12 月 16 日	到福斗山
	十二月　九日	1432 年 1 月 12 日	出五虎门，行十六日
	二十四日	1432 年 1 月 27 日	到占城
	宣德七年　正月　十一日	1432 年 2 月 12 日	开舡，行二十五日
	二月　六日	1432 年 3 月 7 日	到爪哇，斯鲁马益
	六月　十六日	1432 年 7 月 13 日	开舡，行十一日
	二十七日	1432 年 7 月 24 日	到旧港
	七月　一日	1432 年 7 月 27 日	开舡，行七日
	八日	1432 年 8 月 3 日	到满剌加
	八月　八日	1432 年 9 月 2 日	开舡，行十日
	十八日	1432 年 9 月 12 日	到苏门答腊
	十月　十日	1432 年 11 月 2 日	开舡，行二十六日
	十一月　六日	1432 年 11 月 28 日	到锡兰山，别罗里
	十日	1432 年 12 月 2 日	开舡，行九日
	十八日	1432 年 12 月 10 日	到古里国
	二十二日	1432 年 12 月 14 日	开舡，行三十五日
	十二月　二十六日	1433 年 1 月 17 日	到忽鲁谟斯①

① “忽鲁谟斯”原刻作“鲁乙忽谟斯”，根据马欢《瀛涯胜览》和《明史·郑和传》更正。

（续上表）

	记录日期	公元纪年	行　程
回程	宣德八年　二月　十八日	1433 年 3 月 9 日	开船回洋行二十三日
	三月　十一日	1433 年 3 月 31 日	到古里
	二十日	1433 年 4 月 9 日	大䑸船回洋行十七日
	四月　六日	1433 年 4 月 25 日	到苏门答腊
	十二日	1433 年 5 月 1 日	开船行九日
	二十日	1433 年 5 月 9 日	到满剌加
	五月　十日	1433 年 5 月 27 日	回到昆仑洋
	二十三日	1433 年 6 月 9 日	到赤坎
	二十六日	1433 年 6 月 13 日	到占城
	六月　一日	1433 年 6 月 17 日	开舡行二日
	三日	1433 年 6 月 19 日	到外罗山
	九日	1433 年 6 月 25 日	见南澳山
	十日	1433 年 6 月 26 日	晚望见望郎回山
	十四日	1433 年 6 月 30 日	到崎头洋
	十五日	1433 年 7 月 1 日	到碗碟屿
	二十日	1433 年 7 月 6 日	过大小赤
	二十一日	1433 年 7 月 7 日	进太仓，后程不录

我们可以发现，下西洋的船队在宣德六年农历二月二十六日（1431 年 4 月 8 日）已经到了闽江口长乐港，然后一直在福州候风，等到农历十二月九日（1432 年 1 月 12 日）才趁着冬天的东北季风从福州的五虎门出发。

回程倒是比较顺利，在宣德八年农历四月二十日（1433 年 5 月 9 日），船队穿过满剌加海峡，回到南中国海海域。这时候，南海上已经吹起西南风。船队正好在夏月的西南风里归帆。

这张日程表非常明白地告诉我们，郑和的船队在环中国海海域来回航行，都合理利用了季风的活动规律。下面，我们会引用琉球文献《历代宝案》的一些关于潮汕海商的航海记录，也可以见到对季风的合理利用。

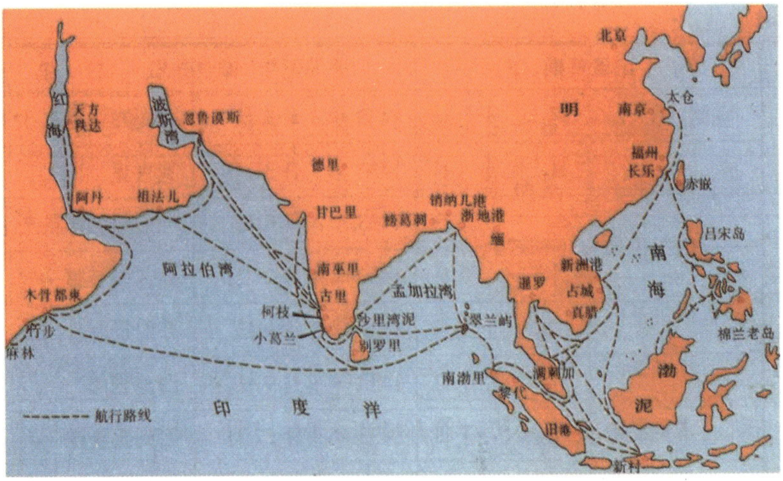

永乐年间，郑和七下西洋，展现了中国人远洋航海的能力。这是郑和第七次下西洋的路线图。

2003 年 10 月，CCTV 驻印度记者张讴在印度南部港口柯枝发现的一尊明代官员鎏金铁像。铁像高 33 厘米，面如满月，表情慈祥，身穿圆领袍服，足蹬朝靴。专家认为这尊鎏金铁像应为郑和像。

有利的环境和气候条件，给了潮州人大展身手的广阔舞台。“省尾国角”限制不了潮州人。靠山吃山，靠海吃海。面对海洋，借助季风，潮州人将从商当作自己主要的生计。

（二）生计

元人汪大渊《岛夷志略》有这样一则记载：

石塘之骨，由潮州而生。逶迤如长蛇，横亘海中，越海诸国。俗云万里石塘……一脉至爪哇，一脉至浡［渤］泥及古里地闷，一脉至西洋遐昆仑之地。（汪大渊撰，苏继庼校释：《岛夷志略校释》）

这则记载所描写的其实是潮州通往南洋的航线。从潮州出发，向西南航行，经过东沙群岛和西沙群岛，分三条航路：继续前行，可以抵达越南湄公河口外的昆仑岛；船头稍偏东可以抵达爪哇岛；再偏东可以抵达加里曼丹岛。

清道光年间，潮州海阳县人郑昌时所著《韩江闻见录》书中有“万里长沙、千里石塘”一则，也记载了这条航线：

大海之外，有万里长沙、千里石塘。石塘舟不可近，绝来往。船至此，人无生还矣……长沙虽险，沙多石少，产海参，尚去安南不远。潮平波定时，安南海客有航小海舟来取海参者。舟败于此，人苟生存，多为所救。（郑昌时：《韩江闻见录》卷六）

这里的万里长沙，应该是今天的西沙群岛。郑昌时记录了一艘潮州船在这里的历险。船只触礁，乘客奔沙上避难。其地多宝物，石缝里有黄红色的珊瑚树，大蚶含着直径逾寸的明珠。有鸟雀、蚶贝可以取食，众人得以不死。终于得到采海参船救助，才从安南搭乘其他船只回到广州。《韩江闻见录》说：

南澳之地，正南出，入海无边际，未有道之者，凡船道皆下西南行，上东北行。谚所云：“上至天津，下至马辰”是也。（郑昌时：《韩江闻见录》卷六）

马辰是 Banjars-masin 的简称，在清代文献上，又译作文郎马神。《皇清职贡图》说：

马辰国即文郎马神，在东南海中。相传汉马援南征士卒之裔。其地多水，惟夷目得陆居，夷人则架筏水上，覆以板屋。俗尚释教，而性强悍。男女无敢私合。以采藤拾椒为业。男剪发，勒以红帛，腰围花罽，出入必佩刀剑，常负竹筐以盛椒。女袒身跣足，系布裙过膝，间披幅帛于胸背，汲水则戴瓦瓶于首。（《皇清职贡图》卷一）

马辰从雍正七年（1729 年）以后，一直同中国通市不绝。其地望，在印度尼西亚南加里曼丹省马辰市，是个重要商港。直到今天，马辰市的市区仍低于海平面，居民住房大都为高脚屋，交通依赖于大小船只。

潮州处于一个能够很容易地利用季风的地理位置。自南澳取西南方向，借助冬天凛冽的东北季风，经过南海诸岛（长沙石塘），可以来到马辰；在夏天，取东北方向上行，凉爽的西南季风就会一直把海舶送到天津。正如嘉庆时李书吉的《澄海县志》描述的那样：

> 候三四月好南风，租舶艚船装货糖包由海道上苏州、天津。至秋东北风起，贩棉花、色布回邑。下通雷、琼等府，一往一来，获息几倍。（李书吉：《澄海县志》卷六）

倚仗着季风，潮州的商船，满载着货物，走南闯北，贸易四方。

海上交通的便利，是潮州海上贸易发展的重要因素。而潮汕的生态环境，是导致本地商业发达的另一个因素。

潮汕的地理环境，本来就是山地多、耕地少。宋元时期，已经有部分人口要靠着渔盐工商为业谋生。到了明清时期，人口快速增长，而潮汕平原还没有完全形成良好的农业生产环境，水旱灾害多，务农苦而收益薄，远不能与行贩海外相比。利之所在，人乐趋之。民间海外贸易因此兴盛起来。林大春《潮阳县志》中“风俗志”的记载，可以用来证明生态环境如何导致潮人海外商贸传统的形成：

> 惟峡山至于黄陇，爰及贵山，同条共贯。农士攸分，质文强半。江口渔蓑，牛背牧笛，欸乃相闻，樵唱山隔。中有故家，杨陈范蔡。礼仪是敦，宾主百拜。暇日登临，骚墨间作。或仕或隐，扣槃为乐。
>
> 惟隆井至于举练，地产鱼盐，俗长会计。一水之隔，乡音各异。宛彼中洲，渔人所利。高田弗雨，水车作苦。海水飘流，田禾半死。风景不殊，人才间出。习尚稍差，文法是逐。
>
> 惟砂浦至于招收，地近俗殊。砂产美士，招多健儿。煮海为盐，下广为生。千顷霜飞，万斛鸥轻。况复精悍，视死如归。环堵以居，贼闻而悲。惜哉靡常，易动难固。惟有士者，礼义干橹。习俗难移，吁嗟砂浦。（林大春：《潮阳县志》卷八）

尽管明代海禁非常严厉，然而本地豪强、百姓私行贸易，窝藏、接济、通番不绝。也正因为如此，当清代海禁一开，民间海外贸易被认可，本地的海外贸易船队就成为东南沿海交通与外贸的主要力量之一。嘉庆时《澄海县志》“风俗·生业”条的按语说：

> 《旧志》曰：邑僻处海滨，号称沃壤，农安陇亩，女勤绩纺，务本业，谨盖藏，为潮属九邑最。第地狭人众，土田所入，纵大有年，不足供三月粮。濒海居民，所恃以资生而为常业者，非商贩外洋即鱼盐本港也。《前志》云：农工商贾皆藉船为业。信矣。（李书吉：《澄海县志》卷六）

根据引文内容，可以查知《前志》指康熙时王岱编纂的《澄海县志》。那么也可以推断《旧志》是指现在已经亡佚的、明代万历中期由王天性撰写的《澄海县志》。当时朝廷海禁稍微松懈，东南沿海与东南亚的海上贸易可以比较正常进行［隆庆元年（1567 年），明廷正式开放福建漳州月港为对外通商港口］，所以林大春和王天性得以公开讨论本地生态和海外商贸不可遏止的发展。

环境造成潮州人乐于经商的风气，潮州商帮则在这种风气推宕下出现。下文还会谈到。

（三）观念

沿海地区也许是一个不能完全用地理知识来定义的概念。大海是养育着生活在这个地区的人们的衣食父母，它给了海畔人强健的体魄和倔强桀骜的性格。他们是和大地的子嗣完全不同的另一类人。和地理位置一样，在文化上，沿海地区毕竟也处于边缘。在中国的经典里，沿海地区从来就是远离文明的地方。在文明人眼里，海畔人行为怪诞，不合道理。有名的才子曹植有一个比喻，说海畔人不欣赏清高和优雅，更容易被强烈难闻的气味所吸引。[①] 这个流传很广的比喻，显然带着文化偏见。海畔人靠海吃海，渔盐之外，跨洋过海，贩运为生。出入风波之中，生死系于一发，养成了这些海边居民勇于赴难的勇敢精神，也养成了这些海边居民“无法无天”的剽悍民风。在这种生活里，没

① 曹植《与杨德祖书》：“兰茝荪蕙之芳，众人所好，而海畔有逐臭之夫。”见《文选》卷四十二。这个比喻的原典，出自《吕氏春秋》卷十四。

有清高和优雅，只崇尚强力和实惠。康熙时《澄海县志》这样描述这个沿海地区县份的风俗：

上中下外莆三都俗：旧隶海阳，人秀而文。上中外稍居内地，不逐海利，民颇有桑麻之业。惟地窄人众，间服商贾，而文风遂衰。下外旧为辟望地，渔农相杂，而渔十倍于农。然人多熟法律，喜役公门。今为县治，故守礼义，敦诗书，多故族。其后风气渐变，竞造诸色船只逐利。而冠陇类以鼓铸起家，然文风日盛，遂为澄海望乡。

苏湾都俗：旧隶饶平，人剽悍，尚气好斗。右姓豪宗，骫法挠政，尉簿以下无惮焉……然慷慨重义，患难相恤。南洋为望乡，多以中盐富。士笃诗书，科目甲一县。程洋冈妇专织纴，男子喜商贩，挟重资，游吴越间，视家如寄。

蓬州鳄浦鮀江三都俗：旧隶揭阳，其人愿，直率无它肠。鮀江罕力穑，地近牛田，多藉蛤蜊鱼蟹为生。稍知重义，患难相保，勇于战斗，缓急足恃。然或技痒焉，虞它逞也。故虽有衣冠之族，亦多豪暴之徒。鳄浦习尚，与鮀江为鲁卫……蓬州文风驾鮀江，田广鮀鳄，故民多力农。其地最下，多水患，故农家作苦，而获不偿劳，亦时渔贩他郡。（王岱：《澄海县志》卷五）

在漫长的历史进程中，沿海地区虽然也受大陆文明的浸染涵化，但是一直保留着由海洋赐予的文化特点。

二、雪泥鸿爪：宋元海商印象

（一）海上航线与港口

前面已经讲过，帆船在海上航行，要靠季风。从潮州开港，航线分南北两路。

韩愈的文章第一次记录了潮州人长距离的航海。这是《永乐大典》卷五三四三“潮州府”里的韩愈像。

宋代的海舶。由于宋朝政策的开放，海洋成了坦途，潮州的海上贸易开始繁荣。

1. 北上的航道

趁着西南季风北上，潮州的商舶能够到达日本。中途经过台湾、琉球、江南、山东、朝鲜半岛这些地方。在北宋时期，我们现在至少可以确认的有“潮州—登州”之间的航线。证据有苏东坡在元祐八年（1093年）写成的《北海十二石记》。这篇美文写道：

登州下临大海，目力所及，沙门、鼍矶、车牛、大竹、小竹凡五岛。惟沙门最近，兀然焦枯。其余皆紫翠巉绝，出没涛中，真神仙所宅也。上生石芝，草木皆奇玮，多不识名者。又多美石，五采斑斓，或作金文。熙宁己酉岁，李天章为登守，吴子野往从之游。时解贰卿致政，退居于登，使人入诸岛取石，得十二株，皆秀色粲然。适有舶在岸下，将转海至潮。子野请于解公，尽得十二石以归，置所居岁寒堂下。近世好事能致石者多矣，未有取北海而置南海者也。元祐八年八月十五日，东坡居士苏轼记。

岁寒堂原址在潮州城里，是唐宋“潮州八贤”之一——吴复古营造的私家庭园。园中有奇石十二株，原产山东登州海岛中。吴复古好奇，取诸北海而置之于南海，苏东坡因此为他写了这篇记。文章里“适有舶在岸下，将转海至潮”这句话，是北宋时期“潮州—登州”之间的航线已经开通的有力文献证据。

既然潮州的海舶可以往来登州，依经验推断，这些海舶也有可能航行到日本。而事实上，应该有不少宋代笔架山潮州窑生产的瓷器输入日本。广东省博物馆原馆长杨式挺先生在1993年访问日本，在东京、大阪等地参观，看到一些在当地出土的青白釉瓷器，与宋代潮州窑同类产品极其相似。[①]

宋代潮州海上贸易的主要输出品是笔架山窑瓷器。（李炳炎摄）

① 邱立诚，杨式挺．从文物考古资料探索潮汕地区古代海上“丝绸之路”．潮学研究（第2辑）．汕头：汕头大学出版社，1994

在笔架山窑的产品中有一种很好玩的儿童像，右手托着一物，左手伸出一指，很认真地拨弄着“小算盘”，或者那时候已经有了商业的训练。（李炳炎摄）

“潮州—日本”航线的存在，在文献上还有另外一个佐证。《元史·世祖纪》载，至元二十年（1283年）：

总管陈义愿自备海船三十艘，以备征进。诏授义万户，佩虎符。义初名五虎，起自海盗。内附后，其兄为招讨，义为总管。[1]

古代的战船和商船往往可以互用，陈义献给阿塔海征日本的海船，当然也能够用于远洋贸易与运输。而且，陈义船队参加对日本的远征，应该也熟悉这条航线。

2. 南下的航道

往南方的航道，保守估计，宋元时期应该可以到达东南亚。上文已经提到元人汪大渊《岛夷志略》有关潮州交通东南亚航线的记载和潮州本地“安南渡口”的传说。更早的《宋史·外国传·三佛齐传》有这么一条记载：

太平兴国五年……是年潮州言，三佛齐国蕃商李甫诲，乘舶载香药、角、象牙，至海口，会风势不便，飘船六十日，至潮州。其香药悉送广州。（《宋史》卷四八九）

太平兴国五年（980年）距北宋建国才20年。这件事或许出于“风势不便”的偶然原因，不足引为航路开通的依据。

我们还可以再介绍一个宋代本地区与海南岛之间交通的证据。洪迈

① 《元史》卷十二“世祖纪九”。“三十艘”原文作“三千艘”。陈义以海船“备征进”事，也见《元史》卷一三一“忙兀台传”：“又资阿塔海征日本战舰三十艘。”引文据此校改。

《夷坚志》记载这样一个故事（洪迈：《夷坚志》支庚卷三“林宝慈”）：

林梅卿尚书之子林宝慈知吉阳军。海南黎人虽然不交税服役，对待地方官员却很恭敬。每逢官员生辰，就会派人带着礼品前来祝贺。按照惯例，主人给一点回礼就可以了。林宝慈过生日，嘉许黎人的恭敬，回礼比往时丰厚很多，黎族酋长非常感激。

林宝慈与参政龚实之同乡里，关系极好。广西漕使唐某与龚实之有宿怨，迁怒于林宝慈，有意和他过不去。刚好有商人来状告林宝慈，便立刻派兵包围吉阳军，来势汹汹。林宝慈有性命之虞，要仆从赶往黎母山告急求救。黎族酋长马上挑选了三百名壮勇，兼程前来解围，将林宝慈一家带到船上，扬帆出海东去，来到潮州。

几个月后，林宝慈从潮州雇了两名壮汉抬轿，到福州拜见乡绅陈丞相，剖白自己逃离吉阳军的缘故。陈丞相就替他把事情的本末一一上奏了。

宋代的吉阳军在海南岛的南端，即明清时期的崖州（今海南三亚市）。林宝慈是福建人。故事说，他在海南遇险，得到黎族酋长的帮助，从海南乘坐海船到潮州，再从陆路辗转回到福州。《夷坚志》虽然是小说家言，史料价值却颇高。陆游有诗评价它：“岂惟堪史补，端足擅文豪。”清代著名学者阮元也说这部书中“遗文轶事可资考镜者，亦往往杂出其间”。像上文所引的这则故事，就为我们透露了当时已经存在一条“吉阳军—潮州”海上航道的信息。

既然从潮州可以从海上到达海南岛南端，借东北风就很容易再到达安南，而从中南半岛去南洋群岛就更不是什么难事了。

大量文物和考古发现为这种推测提供了有力的物证。广东省博物馆和考古研究所的专家们，根据自己亲身考察和亲自参加的考古发掘活动，指出在香港、海南岛和西沙群岛等地区和泰国、马来西亚、新加坡、印度尼西亚和菲律宾等东南亚国家，都发现过可以肯定或近似于北宋潮州窑产品的瓷器。其中，在新加坡发现并收藏在新加坡国家博物馆的青白釉鲤鱼形壶和在马来西亚怡保采集的、现藏上海博物馆的青白釉瓜棱腹小瓶，都是宋代潮州窑具有代表性的产品。[①]

---

① 冯先铭．中国古代外销瓷的问题．海交史研究，1981（2）；邱立诚，杨式挺．从文物考古资料探索潮汕地区古代海上“丝绸之路”．潮学研究（第2辑）．汕头：汕头大学出版社，1994；曾广亿．潮州笔架山宋代瓷窑分析研究．宋代笔架山潮州窑．汕头：汕头大学出版社，2004

宋代笔架山潮州窑瓷器输出东南亚，新加坡国家博物馆收藏着同类青白釉鲤鱼形壶。（李炳炎摄）

宋代笔架山潮州窑的瓷器还远销到南亚。在斯里兰卡出土过这类小牧羊狗。（李炳炎摄）

宋代潮州窑的瓷器还远销到南亚。三上次男在他的著作中提到的一些华南、闽广或广东窑烧制的瓷器，如巴基斯坦浦尔遗址出土的“清晰地浮凸着雕有莲花瓣的华南白瓷片”，斯里兰卡克加拉出土的“青白瓷柑子形小壶和四脚的香炉”，耶珀胡弗出土的青白瓷碗和青瓷小牧羊狗，都可能是潮州笔架山窑的产品。（三上次男：《陶瓷之路——东西文明接触点的探索》）不过，在南亚发现的这些瓷器，或许是商人们从东南亚转销过去的，因为我们还没有其他证据可以证明宋代潮州的海舶已经能够远航南亚。

3. 宋代潮州的出海港还在今天三角洲的中部

我们作出这个论断，依靠的是考古发现和文献的证据。

宋代以前，潮汕最重要的港口在潮州。郑昌时在《韩江闻见录》中记录了这样一则故事：

予友丁君巢云松，家城之东堤。传东堤者，古城东之堤岸也。今以城作岸，则东堤乃城内地。丙午、丁未间（雍正四、五年），潮大旱，井皆涸。巢云家命工人修井，多浚深数尺，见白沙，又数尺，见黑土，又数尺，见土中横一大海船桅并绳索等物。（郑昌时：《韩江闻见录》卷八）

这个故事中的东堤，就是今天潮州市区的东平路。潮州城东边具有堤防功能的城墙，大约是在南宋绍定至端平年间（1228—1236年）

建造。(庄义青：《宋代潮州古城的城市建设》) 这一时期之前，今日潮州东平路一带还是韩江堤，并且有海船在堤旁停泊。潮州城西南池湖村，相传有通航安南的码头，曾建过“安南庙”。庙宇不知什么时候已经废弃，但这里至今还保留着“安南渡口”的地名。(马济芝：《潮州华侨历史和状况》) 池湖建村于宋代，“安南渡口”应该是潮州港的一部分。

西溪河道的金沙洋

港口出海的主要通道，有韩江的支流古潮州溪和古彩塘溪。

古潮州溪在潮州竹竿山南面分汊，向南偏西流，汇入牛田洋。这道溪形成于汉晋时期 [汉（前 206—公元 220 年）、晋（265—420 年）]，废弃于北宋。从潮州的位置看，这道溪入海距离，远远短于其他支流。牛田洋又是风浪较平静的内海，况且北通揭阳，南通潮阳，正是理想的航道。到北宋，古潮州溪逐渐淤积湮废。元祐间潮州太守王涤利用旧河道开凿三利溪，“通舟楫而溉田畴”，正表现了对这条旧航道的眷恋。(周硕勋：《重浚三利溪记》；吴道镕：《海阳县志》卷五) 但这条航道终于因为流量太小，时塞时通，最终一蹶不振。

古彩塘溪在韩江西溪龙湖上游分汊，自南偏西方向流入牛田洋。这道溪形成于唐代，它“上达潮州，下通大海，具舟楫之便，而无大洪水之虞”（李平日等：《韩江三角洲》)，也是理想的航道。北宋时期，潮州城东南韩江西岸一带是一个商贸港口。宋代笔架山窑的瓷器，便从这里装船出海。到了南宋时期，因为西溪泛滥为害，开始修筑南堤，束水归槽，结果，古彩塘溪也湮塞废弃。(李平日等：《韩江三角洲》)

南宋初，这段河道还在使用。在它的出海口，有一个大港湾。当时大诗人杨万里奉命南征，过潮州，写了一首题为《过金沙洋望小海》的诗：

海雾初开明海日，近树远山青历历。忽然咫尺黑如漆，白昼如何成暝色？不知一风何许来。雾开还合合还开。晦明百变一弹指，特地遣人惊复喜。海神无处显神通，放出一斑夸客子。须臾满眼胡贾船，万顷一碧波黏天。恰似钱塘江上望，只无两点海门山。我行但作游山看，减却客愁九分半。(杨万里撰，辛更儒笺校：《杨万里集笺校》卷十七)

金沙洋在什么地方？有人认为是在今天汕头龙湖区，有人认为是今天的牛田洋，其实都不对。从南宋初年潮州的历史地貌推测，这个金沙洋，应该是在桑浦山西边，今天潮安彩塘镇的金砂乡一带。那时，这里是一个水面广阔的内海。金砂寨就建在海边的桑浦山麓坡地上。从现在已经湮没了的古彩塘溪，船只可以很便利地通达潮州城下。

南宋诗人杨万里笔下“胡贾船”停泊的金沙洋，就在桑浦山边。今天已经变成水网纵横的平原。谁能想到，这一片阔野当年竟是樯橹如林的内海湾。

杨万里用“须臾满眼胡贾船”的诗句，传达给我们这样的信息：在这个内海外，巨舟大舶，樯橹如林，都是来自海外的商贸船。或者这时候泉州港的繁荣，在潮州也出现过？说不定什么时候在彩塘桑浦山麓，也会发现番客墓。

东溪河道的凤岭港

随着南西向航道逐渐湮废，潮州港只能向韩江东北向支流另觅出海通路。西溪在宋代是韩江泄洪干道，汛期水流湍急，加上河道曲折，不利通航。因而，选择东溪为出海主航道也就顺理成章。凤岭港于是成为韩江海口的另一个良港。

凤岭港在晚唐北宋时期有良好的地理环境。江东洲下游的横陇洲尚未完全淤积成陆。（李平日等：《韩江三角洲》）在南峙山、冠山前后都有面积较大的泻湖湾，纳潮量大。涨潮和退潮时，航道受急湍的潮水冲刷，保持着可以让大型商舶顺利进出的深度。山峦和山前的沙陇成为港口天然的防波堤，有利于商船避风避浪。

最晚在北宋前期，凤岭港便开始成为商贸港口。现在凤岭山麓的程洋冈乡，便是当日港岸的市集。程洋冈至今仍然保留“永兴街”石

匾，署“兴国丁丑”4 字。这一年，是北宋太宗太平兴国二年（977 年）。港口北面，隆都后埔宋代“三娘寺”遗址，发掘出大量宋代瓷器，还有 1 800 斤铜钱，除少数开元钱外，基本是北宋与南宋的钱币，时代最晚的是景定（1260—1264 年）钱。（澄海县博物馆：《澄海县文物志》）可见凤岭港一直到南宋时期，还保持着本地区重要商贸港的地位。

从 20 世纪 30 年代以来，凤岭港多处出土宋代海船桅杆、大锚、船板、船缆，同时还有大量宋代瓷器和成批的唐宋铜钱。从文物发现地点看，凤岭港是宋代本地区的重要港口，规模相当大，也相当繁荣。（澄海县博物馆：《澄海县文物志》）程洋岗、后埔等处出土的宋代笔架山窑瓷器，正是凤岭港主要的出口商品。

笔架山窑自南宋以后开始缩小生产规模，到宋末元初兵乱，元将唆都屠城，制瓷工人逃散，百窑村自此衰落。因为这种主要出口商品生产规模的减退，导致凤岭港被废弃，也使笔架山一带瓷器生产工场失去复兴的可能。

（二）笔架山的瓷器

1. 笔架山的瓷器生产

笔架山的瓷器是这一时期本地主要的出口商品。

本地瓷器生产，从考古发现来判断，始于唐朝。从唐到北宋前期，瓷器烧造窑址大部分集中于潮州城西北的北关窑上埔一带。（谢逸：《潮州市文物志》“北关唐宋瓷窑遗址”）

1922 年 10 月，在潮州城西羊皮冈地方，军队挖掘战壕时，在距离地表约 1 米处，挖到一个小石室。石室中藏着四尊青白瓷佛像，还有一个满雕莲花瓣的瓷香炉。佛像极精美，尤其可贵的是，每尊佛像的底座都刻有铭文。从铭文中我们知道，这四尊佛像是北宋治平四年（1067 年）、熙宁元年（1068 年）和熙宁二年（1069 年），手艺精良的工匠周明为“潮州水东中窑甲”刘氏一家所造。1936 年，罗原觉发表了《谈瓷别录》一文，谈到了宋代潮州的这一个窑口。（道在瓦斋：《谈瓷别录》）

1940 年，一个名叫麦康（Malcolm F. Ferly）的西方人，亲自到福建、广东做了考古调查之后，在《亚细亚杂志》上发表《中国古代窑址》（*An Ancient Chinese Kiln-Site*）一文，专门介绍了在潮州笔架山考察的情况。他说，笔架山窑废弃的瓷片，分布在长1～1.5英里、宽0.25英里的地域之内，河边含有瓷片的积土层高达10～15英尺，这是他在中国所见过的最大的一处古代窑址。（饶宗颐. 潮瓷说略. 陶说. 东京：日本陶瓷协会，1955。此据黄挺编成《饶宗颐潮汕地方史论集》）

而第一个让学术界真正关注起宋代笔架山潮州窑的，是著名的潮籍学者饶宗颐先生。

1955年，饶宗颐先生撰写《潮瓷说略》，介绍了宋代笔架山潮州窑。文章从潮州瓷土矿的蕴藏情况、潮州陶瓷制作工艺的发展谈起，根据羊皮冈出土佛像座上的铭文，推断这些造像就是宋代笔架山潮州窑的产品。然后利用这些造像和麦康的文章提供的笔架山窑瓷片的胎质、釉色，与中国其他名窑作比较，肯定了宋代笔架山潮州窑在中国陶瓷史上的地位，宋代笔架山潮州窑从此进入了学术界的视野。

潮州城东隔江的笔架山。宋时山麓瓷窑密布，有“百窑村”之称。

笔架山最长的一条龙窑，发掘整理的残长是98米，可以想见当年百窑村生产规模有多巨大。（李炳炎摄）

1958—1986年，广东省博物馆和潮州市文化局在笔架山一共发掘了10座瓷窑。笔架山瓷窑长度一般在30米左右，规模最大的10号窑址，是一座残长达79米的龙窑。4号窑址是目前国内已发现的年代最早的阶级窑。这种阶级窑可以比较稳定地控制窑内温度，并合理利用余热，能够烧制出精美的影青瓷器。（黄玉质、杨少祥：《广东潮州笔架山宋代瓷窑》；沈启绵：《潮州纪略》）另外，从笔架山东南的仙田钵仔山，延伸到程洋岗营盘山、后湖一带，也布满宋代瓷窑群。（澄海县博物馆：《澄海县文物志》“古窑址”；谢逸：《潮州市文物志》“笔架山宋代窑址”，“钵仔山宋代瓷窑址”）从已经清理发掘的成果看，宋代笔架山潮州窑生产规模和产量都很大，产品形式多样，显示多个名窑的风格，但又精粗不一。它用可以和当时著名窑场媲美的生产规模和工艺技术，生产出大量瓷器，主要销往海外。笔架山8号窑出土的西洋风格的人像和西洋狗，更明显地说明是为了外销的目的而制作。

2. 大衙藏宝

康熙时《澄海县志》在讲述陈懿兄弟的简史之后，附加了一段丛谈式的故事：

> 考：五虎住大牙村，北首濒河岸崩，辄有金银器皿为人所拾，隆庆初犹然。皆五虎所埋，盖纵暴劫掠之所致也。（王岱：《澄海县志》卷十九）

这个故事，与下面要谈到的潮州版海盗藏宝传说完全是一个类型。从故事记录的时间推测，它产生的背景是隆庆初年（1567年）潮州地方被指为海盗的商人势力，横行海上。大牙（今名大衙）濒海，有古代港口遗址（澄海县博物馆：《澄海县文物志》），经常有金银宝器为人所得，让人隐约感受到当年商港的繁华。这种繁华或者就是当年笔架山生产的瓷器大规模出口的结果。

（三）造船业的文献记录和考古证据

本地生产的商品的外销，必须借助海上航运业。最晚到南宋后期，潮州已经有了制造海舶的能力。南宋著名文学家刘克庄所撰《林沅州墓志铭》中就提到：

潮阳时，有旨造战舰，州不出一钱，符县白科。公为书条其不便，守怒呵责愈峻。公藏州符不行，吏担欲去。会诏寝其事。[1]

林沅州，名诞。林诞任潮阳知县的具体时间，地方志上没有记录。刘克庄一生，经历孝宗、光宗、宁宗、理宗、度宗五朝。他与林诞相知，应该在理宗绍定二年（1229 年）担任潮州通判时。这个时候，朝廷既然可以诏令潮阳县修造战舰，潮阳县一定有造船的工场。林诞认为不便的，是让县民白出科役造船而无所补偿，并非因为潮阳缺乏造船的能力。

1950 年，有关部门在澄海管陇打索埔发现宋代缆绳工场的遗址，并出土了大量巨缆。近几十年来，韩江三角洲中部澄海境内南峙山、冠山前后的凤岭古港遗址出土了大量宋代海船残骸，情况如下表所示：

出土地点	残留部件	港口航道	大概年代
后埔	船板	院埔前	北宋
程洋岗	船桅	凤岭古港遗址	北宋
程洋岗	船锚	凤岭古港遗址	北宋
官湖	船桅	凤岭古港遗址	北宋
管陇	船缆	凤岭古港遗址	北宋
南山	船桅	凤岭古港遗址	北宋
上窖	船桅	凤岭古港遗址	北宋
里美	船板	凤岭古港遗址	北宋
大衙	船桅	大衙古码头遗址	唐—宋
沈洲	船桅	大衙古码头遗址	唐—宋
窖东山前	船桅	凤岭古港遗址	宋

注：此表据《澄海县文物志》54～55 页“澄海古船分布录略”制作。

这些都是宋代潮汕地区已有制造海船能力的证据。

① 刘克庄《后村先生大全集》卷一四八“林沅州墓志铭”。原文“旨”字误作“肯”，依上下文意校改。

（四）谁在航海——潮州海商寻根

1. 畲疍

在唐代，潮州土著被称为蛮僚。

长庆三年（823 年），礼部尚书郑权就任岭南节度使，韩愈为他写了《送郑尚书序》，特别向他介绍了本地蛮僚的情况和管制他们的办法。他说：

蛮夷悍轻，易怨以变。其南州皆岸大海，多洲岛，帆风一日踔数千里，漫澜不见踪迹。控御失所，依险阻，结党仇，机毒矢以待将吏，撞搪呼号以相和应，风屯蚁杂，不可爬梳。好则人，怒则兽。故常薄其征入，简节而疏目，时有所遗漏，不究切之，长养以儿子。至纷不可治，乃草剃而禽狝之，尽根株痛断乃止。（《韩昌黎文集校注》卷四）

按韩愈在岭南的经历，他所说的南州应当包括潮州在内。韩愈告诉郑权，岭南的蛮僚有时候生活在船上，风帆高挂，一日之间，已在数千里之外；有时候又依山凭险，武力抗拒官兵。相处得好了，还像个人；一翻脸，就是群猛兽。从这段话里可以看到，本地蛮僚的生活方式，是水陆两栖。中唐时，韩江河口的平原还没积聚起来，大海连着丘陵山地。祖祖辈辈生活在这里的土著，也登山而居，不过在更多的时间里，大概还是驾驭着帆船，自由自在往来于大海之上。

在两宋三百多年的时间里，文献极少提到本地蛮僚的情况。大概在闽人移民的大潮中，原来在本地相当活跃的蛮僚，也加速了汉化的进程。但是，他们并没有全部汉化。到南宋后期，这些很久以前就居住在本地区的土著民族，又重新出现在文献上。这时候，他们被称做“畲民”。

畲民的称呼，最早可能是出现在刘克庄的《漳州谕畲记》中。刘克庄的文章写道：

凡溪洞种类不一……在漳者曰畲。西畲隶龙溪，犹是龙溪人也。南畲隶漳浦，其地西通潮梅，北通汀赣，奸人亡命之所窟穴。畲长技止于机毒矣，汀赣贼入畲者，教以短兵接战，故南畲之祸尤烈。二畲皆刀耕火耘，岩栖谷汲……有国者以不治治之。畲民不役，畲田不税

（不纳田赋），其来久矣！厥后贵家辟产，稍侵其疆；豪干诛货，稍笼其利；官吏又征求土物——蜜蜡、虎革、猿皮之类。畲人不堪，诉于郡，弗省，遂怙众据险，剽掠省地。（刘克庄：《后村先生大全集》卷九三）

比较上面引用的韩愈《送郑尚书序》和刘克庄这段文字，可以看出畲民和唐代本地蛮僚的关系。有一点是很清楚的：畲民用来武装自己的“机毒”，就是韩愈文章里讲到的“机毒矢”，这些土著善于使用弓弩毒箭。至于畲民的生活方式，从上面两段文字里可以看到不同的两种类型：一种是“刀耕火种”的农居生活；一种是往来海上的航海生活，“帆风一日踔数千里，漫澜不见踪迹”。在明清文献上，后面这一类被称为“疍人”；但在宋元之间，他们还是被称做“畲”。下面要讲到的潮州陈懿家族所统领的畲兵，就是这一种。他们是这一个时段里潮州航海的主力。

2. 陈五虎的船队

元代至元十四年（1277 年）十月，元兵进攻潮州。“宋都统陈懿等兄弟五人，以畲兵七千降”（《元史》卷一三二“哈剌”）。这支畲族武装，应该是习惯于海上生活的畲人。他们拥有规模相当可观的航海船队。《元史·世祖纪》说：

张弘范以降臣陈懿兄弟破贼有功，且出战船百艘从征宋二王，请授懿招讨使兼潮州路军民总管，及其弟忠、义、勇为管军总管。（《元史》卷十“世祖纪七”）

这事发生在至元十六年（1279 年）。上面也提到，至元二十年（1283 年），阿塔海出征日本，总管陈义愿自备海船三十艘从征，被授予万户职衔。《元史》所记陈懿兄弟拥有船只的情况，与上述澄海出土的众多古海船残骸相印证，由此足以窥见宋元时期潮州活跃于海上的远洋船队规模之庞大。

大概在宋元时期，潮州的海商，有许多还是没有在官府管辖下的畲疍民。他们是大山的主人，也是大海的主人。

三、商人还是盗贼：明代潮州海商故事

（一）天下大势

1. 明代前期的海禁

到明代，已经习惯于在海上驾风蹈浪的潮州商人，遭受到来自政治方面的困难。在明王朝统治的大部分时间里，朝廷坚决推行海禁政策。

明朝统治者采取海禁政策，明确体现在政府颁布的法令条文上面。《大明律》规定：

> 凡泛海客商舶船到岸，即将货物尽实报官抽分。若停塌沿港土商牙侩之家不报者，杖。虽供报而不尽者，罪亦如之。物货并入官。停藏之人同罪。告获者，官给赏银二十两。①

明代一开始，朱元璋就确立了海禁政策，制定严厉的律令禁止民间海商出洋贸易。

这一法律条文要求从事海上贸易的商人以货物抽分的形式向政府交纳税收，目的在于防止商人漏税而损害国家经济收入。这种做法与宋元时期并无不同。但是，明政府又制定了更严厉的律令禁止民间海

① 据王圻《续文献通考》第四册卷三十一“市籴考”。按，这条律文见《玄览堂丛书》三集第十七册《大明律附律》卷八“户律·课程·舶商匿货”。

商出洋贸易。《续文献通考》记载：

> 洪武二十七年正月，命严禁私下诸番互市者。帝以海外诸国多诈，绝其往来……而沿海之人往往私下诸番贸易香货，因引蛮夷为盗，命礼部严禁绝之，违者必置之重法。凡番香番货皆不许贩鬻，其见有者，限以二月销尽。（王圻：《续文献通考》卷三十一“市籴考”）

朱元璋的这道禁令与其说是着眼于国家的经济利益，毋宁说是为了巩固刚刚建立起来的明政权。

洪武初年，倭寇侵掠中国沿海。朱元璋担心倭寇同方国珍残部勾结，于是把方国珍旧部和沿海船民登记为卫所军籍。《明通鉴》记载：

> 初，上以倭寇出没无常，诏靖海侯吴祯籍方国珍故所部温、台、庆元三府军士，及沿海无田粮之民曾充船户者，凡十一万一千七百余人，隶各卫为军。时以方氏余党多入海剽掠故也。（夏燮：《明通鉴》卷七“太祖纪·洪武七年正月”）

明政府所施行的这种锁海政策，对具有长久传统的潮州海上贸易，是一种极大的冲击。

为了限制百姓通番，明初潮州沿海一共设置了四座千户所。大城所是其中一座，东城门今天还基本完好。

汤和、周德兴经营潮州海防，认为南澳是一个藏污纳垢的海盗窝，在洪武二十四年（1391 年），把原来的居民全部迁出海岛，安置到潮阳海门千户所充当军户。［明初南澳民内徙时间，地方文献资料所载略异。这里依据陈天资《东里志》所载明嘉靖十七年（1538 年）饶平知县罗胤凯《豁虚粮》公移文："洪武二十四年，该广东按察司佥事耿奏为海岛事，将四澳人民，尽发海门千户所充军。"四澳指隆、南、青、深，俱在南澳岛。］南澳是闽粤往来的门户，历史上一直是海舶放洋候风的重要基地。朝廷把当地居民全部迁出，对潮州从事海上贸易的商舶，无疑十分不利。洪武三十一年（1398 年），朝廷又有禁止广东通番的政令。（饶宗颐：《潮州志·大事志》）自此，宋元以来潮州发达的正当民间海上贸易，性质有了变化。在海禁的阴影下，潮州海商采取各种应对措施，或阳奉阴违，或公然对抗，来保护自己的权利。在潮州，海禁与反海禁的争抗，几乎与整个明王朝相始终。

海禁政策导致了几乎持续整个明代的海上动乱。明末画家描绘了倭寇和明军作战的画面。这些倭寇，其实多数是沿海地方的中国人。

从朱元璋开始，明朝皇帝在禁止海上通商的同时，一般允许海外诸番通贡，以示怀柔。潮州海商为了继续从事海上贸易，冒充贡使，或者以通事身份，引诱番船以入贡为名前来通商。《东里志》上就有这样一条记载：

宣德元年（1426 年），通事刘秀勾引倭舟入泊于湾港，威召各村各里之保长，赴舟领货，名曰"放苏"。邻村皆靡然从之。（陈天资：《东里志》卷二"境事志"）

此后海禁稍松，潮州海商便络绎不绝地私自出海贸易。《明实录》上记载着这样两个故事：

正统九年（1444年），广东潮州府民滨海者，纠诱旁郡亡赖五十五人，私下海通货爪哇。因而叛附爪哇者二十二人，其余俱归。复具舟将发，知府王源获其四人，以闻。

成化元年（1465年），爪哇国遣使梁文宣入贡方物，舶至广东广海卫。有段镇者，常泛海为奸利，识文宣，因诱出其附余货物乾没之，且导其舶泊潮州港。①

第一个故事说，到爪哇贸易的海商中，有22人未曾返回中国，这些人可以说是较早移民东南亚的一批人。贸易可能给商人们带来巨大的利益，回到潮州的33人，又整理好船只，准备再次出发。在第二个故事里，段镇的身份应该和《东里志》记载的刘秀相同，段镇和刘秀正好把通事们如何利用贡使入贡牟利的整个故事讲完整：原来，这些前来朝贡的外国船，除了贡品，还装载了其他货物。于是，能够沟通双方的通事，说动这些外国船离开朝廷指定的朝贡港口广州，转到潮州港口停泊。到了潮州，又利用自己的威信，让港湾附近村庄的百姓到船上交易。老百姓乐得有利可图，很愿意这样做。

不过，到了洪武后期，限制沿海人民下海通番的禁令用法律的形式固定下来。此后，历朝皇帝时时重申这项律令，并不断增加附律内容。

在这些律例之中，把中外贸易的传统商品，如铁器、绸缎、丝棉、胡椒、苏木等，与马牛、铜钱、军需同等看待，列为违禁品；不许海商私自与夷船贸易；不许擅自打造二桅船下海……实际上完全禁绝民间的海外贸易。②

禁令条文越来越严格，实际上说明冒险犯禁出海的百姓越来越多。

2. 明代中期潮州海上的动乱

明代中叶开始，中国的社会经济向商品经济倾斜。商品化的经济

① 这两件事分别记录在《明英宗实录》卷一一三“正统九年二月己亥”和《明宪宗实录》卷十九“成化元年七月甲申”。

② 冯璋：《通番舶议》；陈子龙：《明经世文编》卷二八〇。这项律令的具体内容，见《大明律附律》卷十五“兵律·关津·私自出境及违禁下海”。

潮流刺激了本地民间私人海上贸易活动。潮州海商不惧触犯禁令，冒涉风涛，往来海上，能吸引他们的，是从日本和美洲输入的白花花的银子。

嘉靖三十年（1551 年）前后海禁政令再度严厉起来。商人们的生计骤然断绝，海上之乱因此酿成。隆庆时《潮阳县志》这样分析动乱酿成的原因：

嘉靖万历年间，潮州的海上走私贸易活动非常频繁。除了绢绸，瓷器也是潮州重要的输出产品。这是当时饶平九村窑口生产的青花大碗。（李炳炎摄）

按我潮倭寇之患，虽延蔓各邑，而揭之蓬州等里，实首先被之。曾询之里人，谓是里旧有以下海为业者，惯与外国交通，以故倭得乘之以入。何者？彼盖其所熟路也。当是时，地方承平日久，户口殷富。豪家大贾，往往以势利相高，公然修造大船，遍历诸部，扬帆而去，满载而归。金宝溢于衢路，彼小民者见之，目夺心骇，以为富拟王公，可一苇杭之而得矣，而岂虞末路至此！盖不惟不能保其有，且并其人亡之，始知向之驾万斛之舟、冒不测之险以求利者，乃所以阶桑梓无穷之祸也。（林大春：《潮阳县志》卷二“嘉靖三十八年倭始入潮阳”条按语）

这时候，被朝廷放弃的南澳岛和同它隔海相望的柘林湾，成为海商与番舶贸易的私市。违禁的贸易活动越做越大，潮州海上的动乱于是频繁发生。在前后二十余年的时间里，纵横于潮州沿海的海上武装，有许栋、许朝光、林国显、林凤、吴平、曾一本、林道乾、朱良宝等首领。

南澳金银岛。原来是海边的一垒礁岩，传说被朝廷指认为海盗的大海商吴平把宝物藏在这里，并且留下“潮涨淹不着，潮退淹三尺”的谶言，惹人猜想。

在当时人眼中，这些人既是海寇又是海商，身份并不能够明确划分。（谢杰：《虔台倭纂》上卷）他们往往接受朝廷的招抚，成为官府可能调用的重要的海上武装力量。然而，受抚以后的行为，却使这群人社会身份的判别变得更加复杂。显然在这个时期，海寇与海商，甚至官方与民间、合法与非法的界线实际上不可能断然划分。（陈春声：《从“倭乱”到“迁海”——明末清初潮州地方动乱与乡村社会变迁》）

被官府视为海寇者，在沿海豪强和一般百姓眼里，却是从事海外贸易的商人。于是庇护接济，甚至起而仿效，让官员们头痛。嘉靖时《潮州府志》论及这类海寇商人难以遏止有三个原因：

> 一曰窝藏，谓滨海势要之家，为其渊薮，事觉辄多方蔽护，以计脱免。一曰接济，谓黠民窥其乡导，载鱼米互相贸易，以赡彼日用。一曰通番，谓闽粤滨海诸郡人，驾双桅，挟私货，百十为群，往来东西洋，售诸番奇货，因而不靖，肆劫掠。此三患者，闽粤大略相等。[①]

窝藏是沿海豪强致富的手段，接济是乡村居民营生的途径，两者都和海上的非法贸易捆绑在一起。而根源则在本地海上贸易的久远传统，由于海禁，传统的生存形式变成非法行为。有了如此广泛的社会

① 郭春震《潮州府志》卷一“地理志”饶平县柘林澳、水寨等条后按语。这节按语又载乾隆《潮州府志》卷四十“艺文志”，题作“备倭论”。本书所引一段，“往来东西洋”之后文字稍有歧义。乾隆志作“幸售诸蕃，获奇货，固得意而归；不幸折本，遂肆为劫掠”。

基础，地处闽粤交界的潮州沿海，从事非法贸易的海寇商人集团，就像生命力极强的草莽，在肥水丰茂的沃野长出，很难刈除干净了。

从事海外贸易活动的商人采取武装对抗往往是官府对正当的民间海上贸易也强加禁止的结果，所以当时就有人讲：

寇与商同是人，市通则寇转为商，市禁则商转为寇；始之禁禁商，后之禁禁寇，禁愈严而寇愈盛。“片板不许下海”，艨艟巨舰反蔽江而来；“寸货不许入番”，子女玉帛恒满载而去。商在此者，负夷债而不肯偿；商在彼者，甘夷居而不敢归。向之互市，今则向导；向之交通，今则勾引。于是海滨人人皆贼，有诛之不可胜诛者。（谢杰：《虔台倭纂》。也见《筹海图编》卷十一“经略一·叙寇原”）

海外贸易与海盗行为融混于一体这种特点的成因，导致了文献记载的片面取向，讨论起来十分复杂。同时，民间“私相交易”的特点，使本地海外贸易在官方文献上留下来的记载甚少。由于文献片面强调本地武装海商集团的海盗行为，造成了对这一集团在海外贸易方面所起的积极作用的掩盖和歪曲。因而，尽管潮汕地区古代曾经有过十分发达的海外贸易的历史，潮人曾经有过十分悠久的“逐海洋之利”的传统，但是，这一历史传统难以为人们真正了解和认识。

3. 倭寇

到16世纪以后，文献上所指称的“倭寇”，与明初的倭寇已经很不相同。

这时候的倭寇与不愿服从王化的山海盗寇，合流勾结在一起了。16世纪中期在潮州很有影响力的士大夫林大春，分析潮州倭祸惨烈的原因说：

山寇剽急为祸速，倭寇惨烈为害显，海寇则缠绵固护，浸淫郡国，为祸隐而毒也。是三者势相倚而祸相因，彼倭寇之从海上来也，实海寇为之向导，其屯聚而野掠也，山寇为之爪牙。（林大春：《井丹林先生文集》卷八“论海寇当削状”）

在林大春看来，最难缠的，还是海寇。海寇的成分，除了往来海上做着走私贸易的商人，还有生活在滨海乡村的农民与渔民、已经破产失业了的贫民，甚至还有良家子弟和读书人。一些府州县属吏也参与其中，通风报信。而倭寇的成分，也并非全是日本浪人。林大春说，其实倭寇大多是沿海流贼，找了几个残倭当首领，用日本的名号来鼓舞部众，每到一个地方，攻破乡下村寨，就把年轻力壮的留下来，剃了头发，装成倭人。日子长了，竟然也同真倭没有区别了。[①]

潮州知府郭子章在潮州海上动乱形成之前近十年，就已经讲过：

> 备倭者，本以御倭寇也。近年，倭鲜至，而闽粤人与其温绍人亡命者，率窜入海，遂肆猖獗，为滨海诸郡患。[②]

可见，这时候的“倭寇”，构成主体已经是中国沿海居民。

造成倭乱的原因很复杂，明王朝施行的政策是最主要的原因之一。对待海外贸易，朝廷一开始就同时实行两种相辅相成的政策。用朝贡制度对待前来的外国商船，又以海禁政策来限制沿海人民跟外国商人接触。归根结底，政策施行的目的，都是想让海外贸易完全由政府来掌握，政府独享经济利益。

这两种政策，像一把重重的大锤狠狠地砸下来，将中国沿海地区久远的海外贸易传统砸断。最受打击的，是中国沿海的商人和靠着捕鱼、海上运输为生的沿海居民。政策的施行，使他们失去了赖以生存的手段。他们只好铤而走险，漠视朝廷的海禁，与外国商船进行走私贸易。

贸易的对象，是用朝贡的名义前来的日本人、葡萄牙人以及其他东南亚商人。

这种走私贸易，在外国商船，已同朝贡体系相抵触；在沿海百姓，又违背了海禁政策。从事海上贸易的潮州商人和百姓们难免被朝廷视为“倭寇海盗”了。

倭寇海盗除了行暴掠夺外，也经常进行商贸活动。活动中充斥着强横与残暴、野心与阴谋，同时也不乏欢乐、幽默与哀愁（详见下节）。

4. 西方人航海东来

1498 年，达·伽马统领的船队绕过好望角，抵达印度的卡里库

① 林大春：《论海寇当削状》。郭子章《潮中杂纪》卷十“国朝平寇考”上也有相似的说法。

② 郭春震：《潮州府志》卷一。该志修于嘉靖二十六年（1547 年），这一时期倭寇入侵潮州的记载，从嘉靖三十五年（1556 年）开始。

特。这是葡萄牙人入侵亚洲的序曲。被任命为印度第二任总督的阿尔布（Alfonso d'Albuquerque），在 1510 年占领了印度西海岸的果阿，1511 年又占领了马六甲。

马六甲古称满剌加，位于马六甲海峡北岸，原来只是一个渔村。明永乐七年（1409 年），它的酋长被明成祖册封为王。永乐九年（1411 年），第二位满剌加王拜里迷苏拉，带着妻子和随从五百四十人来到中国，进贡麒麟。1414 年拜里迷苏拉皈依回教，满剌加成为东南亚最早的伊斯兰国家，都城就定在马六甲。优越的地理位置，让小渔村逐渐成长为海峡地区最重要的港口，自爪哇、印度、阿拉伯和中国的商人，在两次季风之间都把商船停泊在这里，进行贸易。马六甲日趋繁荣，西来的葡萄牙人决定控制这个地方。

葡萄牙夹板船。1511 年葡萄牙人占领了马六甲，开始接触来自中国的商人。

《榜葛剌进贡麒麟图》。永乐九年（1411 年）满剌加王拜里迷苏拉来到中国，进贡麒麟。这张图是清代画家陈璋根据明代沈度原作《瑞应麒麟图》临摹而成的。有意思的是，这个图像出现在潮州大街的“理学儒宗”牌坊上。

葡萄牙人本来是为了独占香料贸易而不断东进的，但是控制马六甲之后，同中国商人与琉球商人的接触，使他们对亚洲的经济状况有了新的认识。于是，他们决定打通新的商路，以马六甲为据点，向东北方向前进，与中国进行贸易。

1517 年 8 月，葡萄牙使团的船队来到屯门，并得到官府的允许，在 10 月进入广州城。由于中葡双方在文化上的隔阂，加上使团一些成

员的行为不妥，在明廷突如其来的政治变故催化下，这次中葡之间的和平交往以失败告终。（万明：《中葡早期关系史》）

1522 年 8 月，来自葡萄牙的另一支贸易船队又来到广州城下。这一次，由于船队的掳掠行为，葡萄牙人被明朝官员当作入侵的倭寇一样对待。在嘉靖二年（1523 年）新会西草湾的作战中，明军生擒了 42 名葡萄牙人，斩首 35 级，还俘虏两条船。（《明史》卷三二五“佛郎机传”）葡萄牙人在中国沿海的贸易活动被官方禁止。

明政府禁止葡萄牙人在中国进行商业活动，可是沿海居民却愿意同葡萄牙人贸易，这是一种双方都能获利的买卖。葡萄牙人想得到中国的生丝和丝织品，以便把这些货物转销到东南亚和南亚获利；他们带来东南亚的香料和欧洲的毛织品，又是可以在中国市场卖得好价钱的抢手货。被赶出广州的葡萄牙人不愿意放弃这种好买卖，他们先是在马六甲同中国商人交易，后来，干脆远离广州，沿着海岸往北走，直接与中国沿海居民进行走私贸易。

虽然有关葡萄牙人北上的文献记载中，很少提到潮州。但我们从文献记载中可以了解到，当时潮州人同西方人有过一定的密切接触。

嘉靖时《潮州府志》记载，海阳县市集，除了在城之外，还有云步、塘湖（今潮安龙湖）、采塘、冠陇、辟望（今澄海澄城）、梅溪等处。志书加了按语说：

> 潮七县，称市集者亦繁多，特书海阳者，以其旧无志也；不尽书，特志其大者，以见居积多也。居积最者惟绸绢，往往杂以造丝，又稀薄不可衣，而黠民以此昂其价于诸番，因而为患。（郭春震主纂：《潮州府志》卷二“市集”）

这条记载，很明确地告知我们，当时潮州市集中居积最多的商品是绸绢，那是为了和“诸番”贸易而准备的。这些绸绢很薄，在地方官吏们看来简直“不可衣”，但却很适合葡萄牙人的需求，能够以高昂的价格卖出。

明代的海商故事，就在这样一种天下大势中展开。

（二）海上豪杰

下面我们要讲述明代中叶纵横海上的好汉们的故事。故事的主人

翁，因为跟官府的关系，总是处于不安定的难以捉摸的状态，在出自官员和士大夫们笔下的文献里，他们的身份也变幻无常，闪烁视听。唯有一点是确定的：他们都是这一时期海洋上的有权有势者。这就是我们用“海上豪杰”来做这一节的标题的由来。

1．许栋、许朝光

嘉靖三十年（1551年）以后，潮州海上的动乱频繁发生。文献记载，潮州海域不靖，是从许栋之乱开始的。隆庆时《潮阳县志》记载：

> 许栋，饶平黄冈人，自结发为盗，毒痡海上，垂及暮年，潮人苦之。栋无子，尝养谢氏子为己子，曰朝光，至是以所统贼众数千，半令掌之，寻复流劫潮阳招收等里。自往外洋，留朝光屯海上。及栋还自日本，朝光迎栋于石碑澳，杀之江中。[①]

在这一段记载里面，许栋集团的社会身份，被指认为海盗。至于他自往外洋去做什么，没有讲。稍后，万历年间成书的《东里志》则非常明确地指出许栋出洋的目的是“贩日本”[②]，也就是把他当商人看待。

许栋回到石碑澳，许朝光把他杀了。这里面有个因果：许朝光原来姓谢，许栋杀了他父亲，强娶了他的母亲，并把朝光收养了。许朝光长大了，掌控了权力，就把许栋杀掉，成为这个海上集团的领袖。到嘉靖三十四年（1555年），许朝光的船队接受朝廷招抚，成为官府可以调用的一支重要的海上武装力量。然而，受抚以后这个集团的怪诞行为，却使它的社会身份的判别变得复杂。隆庆时《潮阳县志》记载：

> 三十四年抚盗许朝光，分据潮阳牛田洋，算舟征税。
>
> 朝光自杀栋后，沿海焚劫日益炽。当事者乃始倡为招抚之说，听其自据海阳辟望村，威制海上。又分据潮揭牛田鮀浦等处，凡商船往来无大小，皆给票抽分，名曰买水。而朝光复深居大舶之中，公行击

---

① 林大春《潮阳县志》卷二。该志此事系于嘉靖三十二年（1553年）秋九月，而周硕勋《潮州府志》卷三十八，则此事系于嘉靖三十七年（1558年）。

② 陈天资《东里志》卷二。周硕勋《潮州府志》说“栋自往日本，将纠合倭奴谋大举”，未详所据。这或者是认定许栋集团的身份为盗贼的必然推论。

断，间或出入城郭，列羽卫以要陪官之宴，其横如此。[①]

显然，受抚后的许朝光集团不再沿海劫掠，却公开向过往船只征收保护费。而它作为官方武装力量被调用的时候，其行为与海盗并没有太大的不同。陈天资《东里志》记载，嘉靖四十年（1561 年）元旦，倭寇攻陷饶平大城所，恣意焚杀，到二月三日，移营诏安四都。隔天，奉命剿倭的许朝光武装集团才来到大城。倭寇已经退走，许朝光“将残民擒杀报功，资械搬载而去”（陈天资：《东里志》卷二），跟倭寇没什么两样。虽则如此，这个集团仍然保持着它合法的身份。康熙时《澄海县志》说：

（许朝光）以杀倭报效军门，加以镇抚名色……朝光死时，郡守为文祭之。（王岱：《澄海县志》卷十九）

不管是当盗寇还是受招安，这些生活在海洋上的强人们，观念和行为都遵循着“弱肉强食”、“强者至尊”的规则。康熙时《澄海县志》记载许朝光接受官府招抚的经过：

嘉靖四十二年，本府捕馆始倡招安策，朝光听招，欲召之入见，朝光要言曰：“能听朝光即入，不听不入。朝光入，毋闭诸城门，毋斥去左右，毋禁左右不得持兵器，诸城门俱守用朝光人，入当宴以殊礼，陪以县佐首领官，宴罢即出，毋令谒府道。”当事者一一许之。乃驾船数十艘泝流上，旌旗蔽空，甲光耀日。舣舟老鸦洲，跨高马，佩长剑，其党数百，翼之入城，受宴出。于是朝光知官司之莫谁何也，遂为安居长久计。（王岱：《澄海县志》卷十九）

这个海寇商人集团的领袖，有一个不断更替的过程。隆庆时《潮阳县志》记载：

（嘉靖三十二年，1553 年）秋九月，许朝光杀许栋……后朝光又为其所忠陈苍海所杀，闻者快之。[②]

① 林大春《潮阳县志》卷二。许朝光受抚的时间，据王岱《澄海县志》卷十九的记载，在嘉靖四十二年（1563 年）以后。

② 林大春《潮阳县志》卷二。郭子章《潮中杂记》卷十“国朝平寇考上”记载同。

康熙时《澄海县志》还记载：

隆庆元年，（许朝光）为其所忠陈沧海所杀，头目莫应敷复杀沧海，管寨事。（王岱：《澄海县志》卷十九）

这件事，《东里志》引用了亲历者李尚清带着细节的叙述：陈沧海是龙溪县学的学生，不得志，投入许朝光麾下，两个人相得甚欢。许朝光部下的头目们不喜欢陈沧海，常常借事进言，离间两人关系，许朝光没有接纳。有一天，陈沧海亲人的船只停泊在许朝光船队的驻地辟望村外，陈沧海前去拜访。他犯了一个错误，乘船起行之前，没有把这事告诉许朝光。头目莫应敷等马上抓住机会，指责陈沧海外通奸细。许朝光怒，要杀陈沧海。陈沧海发誓说自己并无二心，甘愿罚酒二十席，作为对自己的警告。许朝光答应了。另一天，许朝光把头目们召集起来，设席回请陈沧海。喝完酒，许朝光到浴室洗澡，莫应敷等把他的侍童支使出去，在浴室里埋伏了刺客刺杀许朝光。许朝光带伤跑入自己的舰船，呼唤妻子的名字，哭泣而死。莫应敷等又把陈沧海杀了，来掩盖他们杀死许朝光的罪迹。李尚清说，杀许朝光的是莫应敷。反说是陈沧海亲手杀害，也太冤枉了。当时他亲历了这场劫难，逃脱而幸免。上面故事，并非捕风捉影。（陈天资：《东里志》卷二）

像这样一种领袖更替的过程，也足以说明海上社群“弱肉强食”、“强者至尊”的观念和行为规范。这同生活在陆地上的血缘社群讲究“上下尊卑”、“礼义忠信”，是截然不同的两种法则。商场上不讲情面的争斗和搏杀，就与这种法则同根而生。

2. 吴平

吴平是潮州海寇商人中最富有传奇色彩的一个。

吴平为人短小精悍，有智略，小时候就有许多令人诧异的举动。比如，和其他孩子一起放牛，他能够把牧童们分班部署，像军队那样任命将领，发号施令，法度森严，把孩子们整治得服服帖帖。

吴平长大后，曾经给富人家当家奴。主人待他还好，主母却虐待他，吴平不能忍受，就投奔到那帮藐视朝廷法令的武装海商当中去。加入这一行列之后，吴平不肯居于人下。当时那些武装海商的头目，如许朝光、林道乾、曾一本等，个个武力骁勇、胆量过人，但都很推崇吴平，他也心安理得地高居领袖的位置。

顾炎武说，戚继光虽然号称名将，对吴平还是心存顾忌。吴平所设奇谋异策，与戚继光不相上下，两人堪称劲敌。因此，顾炎武感叹："此其英雄，必大有过人者。"其实，这些被当做海盗的商人，智慧不在军事家之下。

吴平领人劫掠了旧日的主人家。他感激主人，便很好地对待他，却记着主母的仇，于是羞辱她。他让主母裸露上身磨米，叫手下把两个装满水的小壶绑在她的乳房上，身一动，壶里的水就溅了出来，以此取乐。[①]

嘉靖四十四年（1565 年），林国显战死潮阳，吴平招集残部，继续横行在南澳与浯屿之间的海域。吴平能力极强，他的船队很快发展到四百多艘船。（《明世宗实录》卷五四九"嘉靖四十四年八月丁丑"）皇帝下诏进讨。吴平乞降，俞大猷把他安插在诏安梅岭，让他杀贼报效。吴平很快又聚众反叛，遁入南澳，筑寨自守，倚海出没，行劫闽广之间。（朱国祯：《皇明史概·大事记》卷三十七"吴平"）寨子所在，现在地名还叫"吴平寨"，寨墙遗迹，明灭可见。（南澳县文物普查办公室：《南澳县文物志》）戚继光和俞大猷带领闽广两省官兵进剿攻破吴平寨。吴平逃进饶平凤凰山，官兵紧紧追击，他只好从黄冈河出樟林，劫夺民船，蹈海奔安南。在万桥山下，被闽广舟师和安南兵夹击败散。福建方面，先是报告吴平已经投降，后来又说他在海战中赴水自沉。两广提督吴桂芳对这些说法提出异议：吴平狡诈出名，明知当死，肯投降吗？说他投水而死，那时战场上风火交织，昏黑莫辨，有谁知道他是死了呢？（朱国祯：《皇明史概·大事记》卷三十七"吴平"，又见《明史》卷二二三"吴桂芳传"）于是对他的下落传说纷纷：有人说，吴平隐姓埋名，浪游江湖间。有人说，亲眼看到吴平骑着高头大马，衣服鲜丽，在江浙间为富商大贾。因为他自灸其面，满脸疮疤，没人认得出他。也有人说，吴平曾经坐轿子去看老朋友，在那里掘取金银诸宝物。谁也不知道吴平到底去哪儿了。[②]

吴平被戚继光击溃后，他的部属曾一本，还以两百余艘海船横行于闽广海面数年（涂泽民：《与京中诸公书》；陈子龙：《明经世文编》

① 上面叙述，依据顾炎武《天下郡国利病书》原编第十六册"福建"，引自《诏安县志》。
② 顾炎武《天下郡国利病书》原编第十六册"福建"，引自《诏安县志》。

卷三五三)，直到隆庆三年（1569 年）在海莱芜澳兵败被擒［饶宗颐：《潮州志·大事志》“明穆宗隆庆三年（1569 年）”］。

吴平的其他部属林道乾、林国显的养子林凤也相继成为海寇商人集团头目。在朝廷重兵围剿之下，时降时叛，飘忽出没在外洋内海，最后远迁东南亚。

3. 林道乾

林道乾据说是澄海人①。这时是嘉靖三十一年（1552 年）（吴颖：《潮州府志》卷七），以王直为首的武装海商集团在浙江沿海被剿灭，倭祸南移，潮州沿海开始动荡。起初，林道乾聚党不满百，打破乌汀背之后，手下已经有近两百人（王岱：《澄海县志》卷十九），便投入吴平麾下。吴平被戚继光打败，林道乾和吴平的另一个部下曾一本还保存着实力，继续在潮州沿海活动。

嘉靖四十二年（1563 年），林道乾的船队在走马溪登岸，劫掠诏安县沿海俞大猷督兵进剿，追至澎湖。林道乾退入台湾北港。俞大猷探知澎湖的港道迂回，不敢进逼，留下一支部队驻守澎湖就退兵了。(周元文：《重修台湾府志》卷一；刘良璧：《重修福建台湾府志》卷二)

林道乾在台湾住了一些日子②，打造船只，从安平镇、二鲲身隙间逃脱，前往占城。关于他离开台湾的原因，也有各种不同说法：一种说法是台湾已有众多土著，林道乾不愿意居住在那里③；另一种说法是林道乾“惧为倭所并，又惧官军追击”（王必昌：《重修台湾县志》卷十五；王瑛曾：《重修凤山县志》卷一)；还有第三种说法，林道乾因为“伙伴病损过多，始行徙去”。(陈淑均：《噶玛兰厅志》卷

---

① 嘉靖万历间活跃于潮州的海寇商人，在地方文献记载中籍贯纷乱，不可确定。可参考拙著《明代后期闽粤之交的海洋社会：分类、地缘关系与组织原理》（《海交史研究》2006 年第 2 期)。林道乾的籍贯，最先是由潮阳士大夫林大春提起的，说他“不是潮阳人”。林大春说他居澄海，少为揭阳吏，跟康熙时《澄海县志》中“林道乾，鮀浦都月浦人”的说法相合。因为在嘉靖四十二年（1563 年）澄海建县以前，月浦是揭阳县鳄浦都属村。但是，乾隆时《潮州府志》又说林道乾是惠来人。还有说他是泉州人的。这里采用康熙《澄海县志》的说法），曾经在揭阳县当县吏，犯了事，被县令责问，林道乾不服，就聚众造反。（林大春：《井丹林先生文集》卷十五“报金松涧书”）

② 早期文献未曾提到林道乾滞留台湾的时间。咸丰二年（1852 年）补订副刊的陈淑均《噶玛兰厅志》卷二“苏澳”条说是“曾踞数月”，光绪二十六年（1900 年）出版的王石鹏《台湾三字经》则说林道乾“走入台湾，居住数年”。

③ 赵翼：《上福节相论台事书》，《皇朝经世文统编》卷七十七“经武部八·兵法”。周元文的《重修台湾府志》、刘良璧的《重修福建台湾府志》大致持相同意见。

二“苏澳”）

林道乾并没有在台湾停留多久，却留下不少传说故事。

其一：

蓬山番，皆留半发。传说：明时林道乾在澎湖，往来海滨，见土番，则削去半发以为碇绳。番畏之，每先自削，以草缚其余。（范咸：《重修台湾府志》卷十五；连横：《雅堂文集》卷三“半发”）

在这个故事里，林道乾以一个殖民者的身份出现。他削剪澎台土著的头发，竟然造成本地发型的习俗。令人惊讶的是，取头发为碇绳的做法，本来是潮州造船的传统工艺。直到今天，潮汕还有“众人头毛绞成大碇索”的俗语可以为证。

其二：

埋金山，明都督俞大猷讨海寇林道乾，道乾遁入台，舣舟打鼓山港；相传其妹埋金山上，时有奇花异果。入山樵采者，或见焉；若怀归，则迷路不得出，疑有山灵呵护。（范咸：《重修台湾府志》卷十七；王瑛曾：《重修凤山县志》卷十一）

和这个传说内容相同的，还有台南民间故事“打鼓山十八哈篮”，讲述的是林道乾在打鼓山埋了十八窖金子，有福气的人才能找到它。（连横：《雅言》第四十九则）故事也被演绎成为诗歌。[①] 埋金是海寇故事的一个母题，这个故事在南澳岛的民间传说里，却被安放在吴平兄妹的身上。

与台湾地方文献相比，郁永河对林道乾行踪的记述，生动了许多。他说林道乾离开台湾以后：

遍历琉球、吕宋、暹罗、东京、交趾诸国，无隙可乘；因过大昆仑（山名，在东京正南三十里，与暹罗海港相近），见其风景特异，欲留居之。其山最高且广，四面平壤沃土，五谷俱备，不种自生，中国果木无不有，百卉烂熳，四时皆春，但苦空山无人。道乾率舟师登山结茅，自谓海外扶余，足以据土立国。奈龙出无时，风雨倏至，屋

① 施陈庆：《鼓山行》（旧传林道乾妹埋金于鼓山），载王瑛曾：《重修凤山县志》卷十二。

宇人民，多为摄去；海舟又倾荡不可泊，意其下必蛟龙窟宅，不可居，始弃去。复之大年（国名，在暹罗西南），攻得之。今大年王是其裔也。台湾有老人，经随道乾至大昆仑者，尚得详言之。（郁永河：《海上纪略》“大昆仑”）

大概只是依据了渐渐遥远了的传说，这一段生动的记述，跟地方文献里提到的占城已经有了距离。它所讲的或许是林道乾的第二次出走南洋。

林道乾离开台湾，前往占城。似乎没停留下来，在嘉靖末年（1566 年）又回到潮州，攻打韩江西溪海口的溪东寨。康熙时《澄海县志》说：

义士陈求默督众乘寨与战，道乾颇不利，求购，寨中人不许，呼乳名诟骂之。道乾怒，遂冲蜂拥，自持刀驱其后，贼无不死前者。时假守遣兵号二千救溪东，兵环寨袖手观，以故寨遂破，杀掳男妇千余口。溪东素以壮寨称闻，被破，诸寨风靡。于是拟饮马鳄溪，心窥府城。海、潮、揭、澄诸村落，皆其啗肉饮血区矣。（王岱：《澄海县志》卷十二）

当时，朝廷的军队正忙着围剿曾一本，很难再分出力量来应付另一个对手。林道乾看准了这一点。他要求朝廷招抚，想让手下那帮长期奔波的兄弟有机会休养生息。对这件事，官员们在公文和私人信件里很认真讨论过。他们怀疑林道乾投降的诚意，也清楚林道乾和曾一本不能相容，不过还是担心林、曾两只船队联合起来对付官兵。结果，官员们几乎一致同意招抚林道乾。[①] 尽管地方士绅表示强烈反对，最终林道乾还是被安插在潮阳下尾（王岱：《澄海县志》卷十二），“凡三千人，给田千亩，自耕而食，听调立功”（朱国祯：《皇明史概·大事记》卷三十七）。这时是隆庆元年（1567 年）。

被招抚了的林道乾协助官军打败了曾一本的船队（朱国祯：《皇明史概·大事记》卷三十七），又参与平定粤东山区林樟等处的叛民

---

① 陈子龙《明经世文编》中有很多这样的讨论，如卷三零八刘焘《总督闽广初上本兵剿抚曾林二寇书》，卷三五三涂泽民《行广东抚镇》。另外还可以参考俞大猷《洗海近事》中《禀总督军门张揭帖》、《书与熊镜湖公》等篇章。

[《明穆宗庄皇帝宝训》卷二“（隆庆三年）十二月庚子”]，自恃有功，“阴蓄异志，大治宫室苑囿，拟王侯居，门列戟，乘舆张盖，着蟒袍，登堂传呼”（王岱：《澄海县志》卷十九），依然一身霸气。这时，官员们开始计算林道乾。张居正写信给广东巡抚熊桴，要他注意约束林道乾，如果林道乾不能按照官府要求去做，就给他加上“贼”名，把他除掉。①

张居正的亲信殷正茂任两广总督，对林道乾表面装得很宽容，暗地里却让参议顾养谦设计把他除掉。

林道乾有个侄子叫林茂先，在彭亨国当都夷使。万历元年（1573年）二月，林茂先密约林道乾出走南洋。林道乾谒见参政陈奎，说：“我很清楚殷总督内心是不能容我的。我不愿反叛，投降也不能免祸。男子汉各谋生路，何必一定在中国？我将远行，托身异国，再不回来。”把原来总督下发的十七道札令缴还，头也不回地走了。林道乾先到了柬埔寨。殷正茂发檄文到安南、暹罗，索要林道乾等，回复说：“林道乾改名为林悟梁，在我们的海澳中活动，声称要联合大泥国来攻打我们，不得已同他结盟，现在已经离开了。”（朱国祯：《皇明史概·大事记》卷三十七）

一直到万历八年（1580年），史书上还记载着林道乾的消息，说：

> 海贼林道乾者，窃据海岛中，出没为患。将士不能穷追，而大泥暹罗为之窟穴。既而逼胁大泥，侵暴暹罗。有通事，彼国愿往擒自效。总督两广刘尧诲议重立赏格，期于必获。（《明神宗实录》卷九十九“万历八年闰四月”）

这条记载大概是出自传闻。林道乾在大泥（泰国北大年）居留下来，成为国王的驸马，并在他的封地开辟了“道乾港”。（陈学霖：《明代人物与史料》）闽广沿海豪富，还通过海上贸易向他供应各种违禁品。（《明神宗实录》卷八十一“万历六年十一月”）直到今天，泰国北大年府还流传着与林道乾有关的传说，保留着过“林姑娘节”的风俗。不但华人，就连泰国人、马来人及当地土著对林姑娘也极为敬仰，称之为圣母。每年泰历三月十五日要举行林姑娘雕像游行盛会，人

① 陈子龙：《明经世文编》卷三二六，张居正：《答两广总督熊近湖论广寇》。按这封信标题有误，熊桴（近湖）时任广东巡抚，见陈学霖《明代人物与史料》。

们抬着林姑娘雕像踏过烈火、游过深水等，场面异常壮观，热闹非凡。

大海商林道乾在朝廷逼迫下，远走泰国。现在泰国北大年还保留“林姑娘节”游神的风俗。林姑娘据说是林道乾的妹妹。

林姑娘游神过程要走火路。

在中国台湾和泰国的民间传说里，林道乾后来在制造火炮的试验中，发生意外身亡。至今台南的俗语中还有“林道乾铸铳扑家治”[①]。

晚明奇人李贽在他的著作里提到过林道乾。他说，林道乾横行闽广之间，当时人们嘲弄福建人，就把他叫做林道乾。在黄安的时候，吴少虞戏弄李贽说：“公可识林道乾否？”这话引出李贽一番感慨。他反问，你这是骂我呢还是夸我？若说是夸，林道乾是巨盗，我是清官，你会如此称赞人吗？若说是骂，我是何人，怎么敢与林道乾相比？他

① 连横：《雅言》第五十则。“扑家治”是闽南音，“打自己”的意思。

说，林道乾才识胆气过人，横行海上三十余年，弄得皇帝和满朝文武都因为他吃不下饭，可林道乾至今安然无恙，称王称霸，很多人愿意跟着他，不肯背离。我知道，如果让林道乾来当知府，我去海上当林道乾，他这个知府一定用不了几天就会擒杀了我。

李贽说，国家用人，只用那些平日里只懂打躬作揖，无所事事，一旦遇敌，又面面相觑的庸才，因此才会弄得今日天下大乱。林道乾可以说是有二十分才、二十分胆、二十分识的人才。假设国家能用他做知府，足以安定地方；能用他做武将，也自然无边疆之忧。只是现在举世颠倒，使豪杰抱不平之恨，英雄无用武之地，林道乾只好到海上当强盗了。（李贽：《焚书》卷四“二十分识”）

这些被当做海盗的商人，其实智慧更不在官员们之下。

4. 林凤

林凤是林国显的养子，在林道乾出走之后，成为潮州海商的头领。他活动在潮州沿海，被总兵俞大猷打败，泛洋而去。不久，又从诏安玄钟所回到潮阳，请降。朝廷给了他一官衔，要他把船队解散了。林凤不答应，说“官府喜欢骗人”，带着百余艘船突然攻陷文昌县清澜所，抢夺牲畜，俘虏了几十个人离去。闽广集兵夹剿，追到大星海，斩杀两百多人，俘获七十五人。林凤的船队逃到粤西，出没香山阳江沿海，攫掠商船，环结水寨。明军准备用大艚船火攻，林凤发觉，又逃去。（朱国祯：《皇明史概·大事记》卷三十七）

万历二年（1574 年）十月，林凤渡过台湾海峡，入澎湖。（顾炎武：《天下郡国利病书》卷九十三“福建”）十一月，率船队前往菲律宾吕宋岛。抵达后即攻打马尼拉（岷市），首仗取得胜利，但很快就遭到西班牙人的反攻，退回玳瑁港（Lingayen）。林凤在玳瑁港筑城两座，有战舰六十二艘，部众三千余人，自称国王，并联合土番据守，以作长久之计。万历三年（1575 年），福建总督刘尧诲派把总王望高率哨船两艘来到吕宋，联合西班牙在菲律宾的军队，袭击玳瑁港，烧毁了林凤船队大部分船只，包围了港城。五月，王望高带着西班牙的使者和教会神父，回福州报捷。林凤趁机整顿部众，伐木打造了三十条洋船，在六月底突围而去。等到王望高在九月重新回到马尼拉，林凤已经又回到了潮州。煮熟的鸭子飞了，明廷和西班牙人都感到意外。（陈学霖：《明代人物与史料》）

林凤刚回到潮州，兵残将疲，又遭到巡海兵的攻击，只剩下三百人和不足二十条船。但他又在柘林、靖海、碣石等地劫夺渔舟民船，又发展成有一百五十多艘船的船队。船队徜徉海中，时不时派小舟进内海，用高价买取所需物品。滨海居民，因为厚利，也都愿意包庇他。（朱国祯：《皇明史概·大事记》卷三十七）由于兵部指令，福建的军队加强了打击林凤队伍的力度。吃了几次亏之后，林凤又回到潮州。广东方面参政金浙主张招抚，于是林凤手下几个头目和部众两千多人听招。（《明神宗实录》卷四十八“万历四年三月癸丑”）林凤慨然长叹：“林道乾就是我的老师啊！”随后又远走外洋，不知所终。（朱国祯：《皇明史概·大事记》卷三十七）

（三）地方势力掌握了海上贸易

1. 月港开港

隆庆元年（1567 年），朝廷接受了福建巡抚涂泽民的奏议，在漳州月港开港贸易。从洪武年间开始实行的禁海令，两百年后终于取消，商人们的海外贸易可以合法进行。只要商船在月港缴纳了商税，就可以前往南洋贸易。政策的转变，让潮州沿海百姓得到一个施展自己才华的机会，被打断的传统又接续起来。

万历五年（1577 年）以后，闽粤之交的“盗寇”之乱已趋平定。在潮州近海，商舶往来，一派繁忙景象。嘉靖举人、万历《澄海县志》主纂王天性的“八景诗”中有《破浪风帆》一首：

贾船商艚万里通，乘风破浪似飞空。
回头笑指楼船锁，袖手虚谈横海功。（王岱：《澄海县志》卷一“海中八景”）

诗歌前两句描绘了海禁解除以后本地海上贸易的繁荣景象，后两句嘲笑了海禁政策的失败。王天性用乘风破浪商船上贾客的口气说，官府的兵船够高大雄伟，阵势联结也够牢固，可是论起横流沧海、立业建功，有我们海商实际吗？

明朝解除海禁令，正是因为东南沿海地区士绅和官吏的舆论压力。这些在海上商贸活动中获得极大利益的地方豪强，不断指责朝廷的海禁政策造成了倭寇的猖獗。现在，可以正正当当做生意，海商们也用不着去假借日本人的名义。沿海的倭寇活动就在这种形势下停止了。

可以说，明代中后期潮州地区活跃的海上私市贸易，开启了潮汕人向东南亚移民的先声。这些滞留海外的商人，或者出于无奈，但是他们在东南亚的开拓，却为清代以后的潮汕移民奠定了基础。（黄挺：《明代海禁政策对潮州社会的影响》）

海禁一开，利归民间，地方势力掌握了海上贸易。

2. 明清之间的潮州海商

族谱里的晚明海商事迹

晚明潮州海商出海贸易的情况，除了上面讲到那些被指称为海盗的好汉们，因为造成社会动乱让官府关注而得以出现在官方文献中，其他正常状态的贸易活动，并未能够留下更多的记录。不过，借助族谱资料，我们还是有些须草绳灰线可寻。

在《龙江蔡氏家谱》上可以读到这样的记载：

> 讳俊，字思彦，系宏鼎公次子。弘治辛酉年（1501年）十月初五生。嘉靖乙卯年（1555年）五月二十一日，因打舡过番，亡在夷国。[1]

龙江蔡氏自宋末卜居辟望岭亭，明初隶属海阳县下外莆都，嘉靖四十一年（1562年）澄海县建置，辟望成为澄海县城。岭亭地处海滨，蔡氏族人有长久的航海传统。蔡俊造船出海贸易时，海禁政令还未废止，海商们只是在艰难的环境里坚持着传统。蔡俊未能善终，55岁时死在南洋群岛。[2] 这些在族谱中都讲得非常清楚。

《龙湖黄氏族谱》也有一则记载：

> 九世祖处士西洋公……自二十余岁往西洋经商，至六十三岁始回家。当时满载荣归，称巨富焉。故以西洋为名，示不忘也。（《龙湖黄氏族谱》旧抄本）

---

① 《龙江蔡氏家谱》，新抄誊印本，1989年。这条记载见“十三代智房”。

② 当时文献，如嘉靖《广东通志》、《广东通志初稿》，都用“番”、“夷”称南洋群岛诸国。

龙湖又称塘湖，在海阳县隆津都中部、韩江西溪畔，明代中叶已经是一个大市镇。龙湖黄氏第九世这一代人，大约生活于嘉靖至万历之间。这一时期，人们习惯把南海以西、南洋群岛一带的海域和地域指称为“西洋”。西洋公经商并留居南洋群岛的时间，正好在16世纪的后半叶月港开港期间。与蔡俊不同，西洋公在移居南洋40年后，终于叶落归根，回到龙湖，成为巨富。

海禁令下的海上贸易活动

清初，郑成功以台湾为根据地，在东南沿海组织抗清活动。清朝为了遏制明郑势力，接连发布禁海、迁界政令。这对本地商人的海上贸易活动，无疑是一种严重的摧残。实际上，即使在这种严厉的政令下，海上贸易活动仍然借助各种可以利用的条件进行，从未中止。

日本学者岩生成一在荷兰和日本的文献中发现，顺治七年（1650年）和九年（1652年）已经有潮州船到日本贸易。（岩生成一：《近世日支貿易に關する數量的考察》）在《华夷变态》和《唐通事会所日录》中，也记载了在迁海界那一段时间里，潮州商船前往日本和东南亚贸易的海上活动。

在海禁令下，能够往来海上进行商业活动的潮州船，基本上是从本地军事重镇出发的。这说明，当时控制潮州沿海的边臣和地方豪强势力，可以不受海禁限制。

《唐通事会所日录》卷一提到，康熙三年（1664年）潮州许龙曾经给长崎的管理者写过一封书信，内容不详。康熙五年（1666年）二月有两艘海舶从许龙占据的南洋寨出发前往暹罗、广南，六月启程回南洋。据说是已经快到海口，大概是风向不顺，无法回到南洋，只好放舟直至长崎。十一月才从长崎出船回唐山。（焦鹏：《清初潮州的对日贸易》）

许龙是明清之交潮州著名的地方豪强，南洋人。清兵入潮州，许龙降清任总兵，实际上保有自己的势力，依然雄踞一方。迁界期间，许龙对澄海地方迁斥的情形有很重要的影响。康熙元年（1662年）第一次迁界，由于许龙“保荫”，地处海滨的澄海县只迁去鮀江都的一角。康熙三年（1664年）续迁，苏湾都南部，韩江东溪和北溪入海口“两河中间”，以许龙经营多年的据点南洋为中心的江南堡，仍然免迁。直到康熙五年（1666年），许龙被召入北京，南洋等乡才划为界外，澄海也整县裁撤。这个过程，在时间上正好与上述记载吻合。记载中提到的潮州船，北上日本、南下暹罗，广南贸易，都从南洋出发，显然是受许龙遣派。

在《唐通事会所日录》中，康熙三年（1664 年）之前，还出现了几次碣石卫的贸易船。这些船只应该是另一个著名潮州豪强苏利遣派的。据《清实录》记载，顺治七年（1650 年）尚可喜攻克广州，苏利赴省降清，封副将，再升碣石卫总兵。康熙三年（1664 年）四月第二次迁海，苏利抗迁，尚可喜等率兵剿平碣石卫。碣石卫派往日本贸易的船只也就没有再在文献记载中出现。

明末清初参与中日海上贸易的广东商船。在这个时期，日本幕府只允许中国和荷兰商船到长崎港进行贸易，中国东南沿海和东南亚各地商船纷纷前往长崎，与荷兰商船角逐海上贸易之利。

地方豪强被铲除之后，潮州地方长官依然继续派船与日本人贸易。当时潮州镇总兵官刘进忠、平南亲王尚之信就派遣商船到日本经商贸易。《清史稿·尚可喜传》记载，尚可喜在顺治六年（1649 年）封平南王，顺治十七年（1660 年）专镇广东。康熙十四年（1675 年）正月又进封平南亲王。康熙十五年（1676 年），他的大儿子尚之信叛清，尚可喜忧愤病死。康熙十六年（1677 年），尚之信又降清。康熙帝因为尚可喜的功勋，格外宽容，仍然让尚之信承袭平南亲王。康熙十七年（1678 年）九月，尚之信上书请开海禁，令商民贸易自便，被康熙帝驳回。但是，尚之信依然利用自己对广东沿海的控制，进行海上贸易。《华夷变态》上就有康熙十七年（1678 年）平南亲王和刘进忠写给当时的长崎王的信件：

平南亲王尚致书长崎王麾下：

六合同风，八肱非异，不谷作藩南服，无远无迩，咸在怀柔。惟王茂德，遂此一方。令誉流闻，风义广着，每用嘉叹。山川迥隔，同问未由，想声教相闻异地，盖有同情也。兹因商船到贵国，端勒片言，用布悃忱，附致镏金马鞍全副，少少区引，畏鉴念之。

正

提督两省挂征逆将军印伯刘进忠首拜

副启

宝国得日之本，山丽水秀，人物清华，有礼乐文章之风，两王上莅治钧衡，四海咸附，群商云集，宽宏雅度，翩翩神仙，唐夏所景慕有载。向因军需孔亟，年遣敝员陈总兵授国贸易，回述仪范，钧心耿耿。兹敝员乘熟再投，虽扁舟轻载，高厚自有招远格外之恩。谨具不腆芹献，微忱遥候藩禧，付祈采纳，曷胜光荷。

名另具

慎余。[1]

信件正件具衔“平南亲王”，正是尚之信袭职后的爵位。而副启具衔“征逆将军”、“（征逆）伯”，又正是刘进忠在康熙十六年（1677 年）降清后拜受的官爵。这封信也证明了尚之信曾经派遣商船赴日本贸易。

在这种贸易的过程中，豪强和边臣依赖富有海上贸易传统和经验的本地商人，而本地商人也借助这样的机会，获取自己的利益。澄海南洋《陈氏文康公族谱》第四册“四房之四”上面有这样一则记载：

十世世振，辉阁子，太学，少负大志，精范白业。平藩闻其才，深加敬礼，给以重资，经商外国，致素封。族人罕有及此。资助大宗祠，奉神主配享。

---

① 《华夷变态》卷六。转引自焦鹏《清初潮州的对日贸易》。

这则材料，未直接书明年月，但记述了陈世振有商业才能，替平藩经商外国，以致素封的经历。平藩就是平南亲王。结合上面的记录，给陈世振以重资，让他经商外国的平藩，应该是承袭平南亲王的尚之信。“素封”是《史记·货殖列传》上一个很有名的词语，意思是没有官爵而拥有大量的财产，富可敌国。陈世振在替豪强和边臣们经商的同时，自己也获取了巨大的财富。

四、红头船：清代潮州商帮的兴起

（一）海禁初弛

康熙二十二年（1683 年），台湾平定，三藩之乱也已经平息。康熙皇帝顺应时势，支持开海贸易的主张。康熙二十三年（1684 年）正式停止广东海禁，有诏“兵部题准广东海口除夹带违禁货物照例治罪外，商民人等有愿出洋贸易者，呈明地方官，准其出入贸易”［饶宗颐：《潮州志·大事志二》“康熙二十三年（1684 年）弛海禁］。隔年，朝廷又设立江（松江）、浙（宁波）、闽（泉州）和粤（广州）四个海关，管理海上贸易事务。（黄启臣：《清代前期海外贸易的发展》；《黄启臣文集》）潮州的海阳、潮阳、揭阳、饶平、澄海、惠来等地都有粤海关税口。（周硕勋：《潮州府志》卷二十一）

《华夷变态》中也有这段时间中日海上贸易的史料。其中有从康熙二十五年（1686 年）到康熙三十六年（1697 年）间，从潮州起航到日本经商的 41 只商船所提供的报告。基本内容见下表：

1686—1697 年商船从潮州航行日本情况表

编号	年代	船号	起止时间	出发地	简要内容
1	康熙二十五年（1686 年）	七拾五番潮州船	6 月 3 日—7 月 12 日	潮州	途中遇风，停泊在福建、浙江外洋。大清静谧
2	康熙二十六年（1687 年）	百拾七番广东船	7 月 16 日—8 月 9 日	南澳	在南澳建造新船，在潮州装载货物。广东静谧
3	康熙二十七年（1688 年）	八番潮州船	2 月 24 日—4 月 10 日	潮州	因受贿，明珠被罢官，浙江河南官员被召到北京。此船在温州建造。到潮州购买砂糖

（续上表）

编号	年代	船号	起止时间	出发地	简要内容
4		八拾贰番潮州船	4月22日—6月13日	揭阳	遇风到福州磁澳，6月3日出磁澳；后漂到天草领
5		八拾七番潮州船	6月1日—6月15日	潮州	潮州为边土、盗贼出入之所
6		九拾番潮州船	5月28日—6月16日	潮州	潮州为边土、盗贼出入之所
7		九拾三番广东船	5月26日—6月18日	潮州	该年潮州米谷丰收
8	康熙二十七年（1688年）	九拾四番广东船	6月4日—6月19日	南澳	潮州土产为砂糖；原是厦门船，到潮州购买砂糖
9		九拾五番潮州船	6月3日—6月19日	潮州	大清静谧
10		九拾六番广东船	6月4日—6月19日	南澳	大清太平
11		百零贰番广东船	6月2日—6月22日	南澳	原是福州船，到南澳购买砂糖
12		百四拾贰番潮州船	6月22日—7月8日	潮州	大清无异
13		百七拾六番潮州船	5月26日—8月2日	潮州	遇风，到浙江南窑，7月5日出南窑。湖广兵乱
14	康熙二十八年（1689年）	五拾九番潮州船	5月26日—6月14日	潮州	米谷价格下降，商人经营困难
15		六拾番潮州船	5月26日—6月16日	潮州	遇风回潮州，当月朔日出发。风闻康熙南巡南京、浙江
16		六拾六番潮州船	5月24日—6月25日	潮州	潮州土产有砂糖、山归来，各种丝织物，他省运来之织物
17	康熙二十九年（1690年）	七拾贰番潮州船	5月28日—6月28日	潮州	洋中遇风，潮州向各地输送米谷
18		七拾六番潮州船	6月9日—7月2日	潮州	广东并潮州无事
19		八拾三番潮州船	6月9日—7月7日	潮州	洋中遇风；官府征讨广东龙门海贼；潮州府横溪发现银矿

（续上表）

编号	年代	船号	起止时间	出发地	简要内容
20	康熙三十年（1691年）	五拾八番潮州船	5月20—29日	潮州	因去冬大寒、旱，砂糖出产少，价格升高
21		六拾六番宁波船	4月15日—6月15日	潮州	原是福州船，去年11月到潮州，4月15日装载黑砂糖；6月朔日到宁波装载丝货，6月2日出船
22	康熙三十二年（1693年）	四拾四番潮州船	5月18日—7月1日	潮州	6月17日到普陀山。广东因雨水丰足，米谷、砂糖丰收
23		五拾六番潮州船	6月18日—7月8日	潮州	大清十五省静谧
24		六拾贰番潮州船	6月10日—7月10日	潮州	洋中遇风，抛舍货物
25		六拾九番潮州船	7月1—18日	潮州	漂到高屿冲
26	康熙三十三年（1694年）	四拾七番暹罗船	闰5月6—25日	潮州	去年5月出暹罗，7月到潮州。潮州银山开发，官员贪污被惩处
27		五拾贰番潮州船	闰5月8—28日	潮州	去年砂糖丰收，向各地运送
28		五拾四番潮州船	闰5月9日—6月7日	潮州	洋中遇风，潮州浮山有龙卷风
29		五拾八番潮州船	闰5月28日—6月23日	潮州	自2月以来，潮州雨水相续，田地被淹，米谷价高
30		五拾九番潮州船	6月10—25日	潮州	遇贼，银、衣服等被夺走
31	康熙三十四年（1695年）	五拾番广东船	6月19日—8月30日	广东	洋中遇风，漂到五屿领；潮州修复韩退之庙
32		五拾壹番广东船	6月15日—9月1日	广东	8月6日到普陀山。后洋中遇风，漂到天草领
33		五拾贰番广东船	6月28日—9月1日	广东	洋中遇风，漂到萨摩领
34		五拾六番潮州船	6月28日—9月17日	潮州	7月17日到宁波寄船，招徕客、货。8月2日宁波出发

（续上表）

编号	年代	船号	起止时间	出发地	简要内容
35	康熙三十五年（1696 年）	五拾六番潮州船	6 月 15 日—7 月 12 日	潮州	因潮州没有丝织物，到浙江稍稍添加。潮州米谷丰熟
36		五拾七番潮州船	6 月 15 日—7 月 12 日	潮州	潮州米谷价低
37		七拾三番宋居腾船	4 月 25 日—7 月 18 日	宋居腾	去年 12 月出南澳，带丝货到暹罗宋居腾商卖。洋中遇风，到普陀山
38	康熙三十六年（1697 年）	三拾三番潮州船	正月 2—20 日	潮州	去年积带货返回之七拾三番宋居腾船。潮州米谷丰熟
39		五拾九番潮州船	4 月 2 日—5 月 26 日	潮州	因潮州丝货卖尽，4 月 18 日到普陀山配丝货
40		七拾壹番潮州船	5 月 1 日—6 月 1 日	潮州	5 月 15 日到厦门装载砂糖
41		七拾贰番潮州船	5 月 5 日—6 月 2 日	潮州	广东繁昌

注：本表根据焦鹏《清初潮州的对日贸易》表一制作

从《华夷变态》所提供的资料中，可以了解这一时期潮州与日本海上贸易的一些情况。

海禁取消之后，对日贸易的高利润，吸引着不少潮州商船到日本经商。

商船可以从潮州直航长崎，如果赶上顺风，这段航程只要十天左右。比如康熙三十年（1691 年）的第五拾八番潮州船，就只用了十天时间到达长崎。但是商船的航线，一般不会选择直接到达日本，而更喜欢在大陆沿海港口停泊，一路进行贸易，招徕客商，补充货物。比如康熙三十四年（1695 年）第五拾六番潮州船在宁波寄碇，招客、驳货。康熙三十六年（1697 年）第五拾九番潮州船因为潮州丝货卖尽，便到普陀山配丝货。第七拾一番潮州船到厦门装载砂糖。沿海其他口岸的商船，也来潮州靠岸驳货。比如康熙二十七年（1688 年），第八番潮州船本来是温州船、第九拾四番广东船本来是厦门船，第一百零贰番广东船本来是福州船，都到潮州购买砂糖，转贸日本。康熙三十

年（1691年），第六拾六番宁波船原来是福州船，前一年冬季到潮州，这一年四月在潮州装载黑砂糖，起航北上。六月初一在宁波港靠岸，装载丝货，然后出船前往日本。

这一时期潮州海商不只直接对日贸易，还继承了明代海商的经营方式，在中国—东南亚—日本之间营造起一个海上贸易网络。冬季从潮州载货南下，到东南亚销售。夏天又从东南亚载货北上，经过中国沿海口岸，以长崎为终点港。比如康熙三十五年（1696年），第七拾三番宋居朥船实际上是潮州船，这条船前一年12月从南澳出发，运载丝货到暹罗宋居朥销售，再从宋居朥运载货物到达长崎。康熙三十年（1691年），第五拾七番六昆船也是潮州船，前一年载货到长崎，当年12月返航，先到达普陀山，大概是办了丝货，于是直接到六昆贸易，没有回到潮州。这一年4月，又从六昆载货出发，5月到达厦门，加载一些织物和黑砂糖，再到日本。（焦鹏：《清初潮州的对日贸易》）

潮州商船从本地装载或沿海采购的货物，主要有砂糖和丝货。潮州商船把丝织品运到东南亚贩卖，然后购买米谷回程，同时也从本地装载米谷卖到闽、浙。在对日贸易中潮州商船输出的货物，主要有日本需要的砂糖、生丝和丝织品，而对东南亚贸易输出的货物则主要为后两种，这同晚明并无太大差别。

（二）樟林古港

清代开海以后，樟林港很快成长为闽粤间最重要的商港。

樟林是清代潮州最重要的外贸港口。商业带来了迅速发展的机会，嘉靖年间才建起村寨的樟林，到乾隆时已经变成一个有六社八街的大市镇。

樟林位于澄海县北部，樟林古港就在韩江北溪的出海口。在文献里，韩江北溪出海处的这个港口也被称为东陇港。齐召南《海道篇》记录澄海海道，说是“樟林镇南，为东陇港”（齐召南：《海道篇》；王锡祺：《小方壶斋舆地丛钞》第九帙）。

1. 樟林港与樟林埠的兴起

北溪是港口通向潮州腹地的航道。在宋代，东陇是小江盐场榷盐司驻地，运盐船沿北溪把盐运到潮州纳税发售。宋哲宗时，潮州盐官李前因为北溪河床狭窄，流量少，在程洋岗北畔开凿了一道运河。运河长 15 里，通韩江东溪，在神山前汇进北溪入海。（李书吉：《澄海县志》卷七“山川”）这道运河今天被叫做山尾溪。山尾溪的凿通，改善了北溪航道供水不足的情况，东陇港的地位变得重要起来。

明代嘉靖三十五年（1556 年）樟林寨创建。到了天启三年（1623 年），樟林始建商埠。康熙七年（1668 年）海界展复，潮州通判署澄海县事闫奇英重修了被破坏的樟林寨城，并将东陇河泊所迁到城里。雍正九年（1731 年），裁去东陇河泊所，改置樟林巡检司。樟林的地位上升了，过往的海船也越来越多。乾隆年间，樟林港的商业活动非常繁荣。乾隆七年（1742 年），澄海知县杨天德出告示招商民盖建铺屋间 102 间。乾隆五十六年（1791 年），署县令蒋师光所立的碑记中记载了这件事：

> 乾隆七年，奉前县宪杨给示，招民户将樟林沟两旁沟墘荒地许民首建盖铺，东西两共计建铺一百零二间。后接盖小木板。下面河沟沟水疏通灌溉。每年输纳官租，迄今四十九载，历输无异。[①]

这时候，清政府开始鼓励商人们从暹罗等地运米回粤。乾隆八年（1743 年）规定，“外洋货船带米万石以上，免船税银十之五，五千石以上者免税十之三，即载米不足五千石之数，亦免其船税银十之二”（佚名：《暹罗考》，王锡祺：《小方壶斋舆地丛钞》第十帙。又见《清高宗实录》卷二〇〇“乾隆八年九月”）。乾隆十六年（1751 年）又规定，内地商民从海外运米二千石以上回唐者赏给顶戴。（《清史

---

① 澄海县博物馆《澄海县文物志》第 136 页。原碑无额，起首题：“署潮州府澄海县事、高要县正堂、加五级纪录五次蒋为沟水疏通恳恩示遵事。”

稿》卷五二八“暹罗”。又《清高宗实录》卷三九六“乾隆十六年八月”）中暹大米贸易，给樟林港带来了迅速发展的机遇。[1] 樟林埠很快变成一个有六社八街的大市镇，常住人口有七八万人之多。清代创作的以抄本形式在樟林流传至今的潮州歌册《游火帝歌》，生动地描写了充满商业气息的樟林的社会生活：

澄海管落樟林埠，埠头宽阔实是强。共有六社八街路，巷口铺户不非常。
中间建有一皇城，城内设有三官厅。中央镇司左副府，右畔一衙是守城。
一座宽阔文帝祠，主事就是王老师。南门一座武帝庙，庙内僧人在住居。
埠中虽是杂姓人，并无相欺西共东。不论士农工商客，合埠俱是江里人。
六社共有六乡绅，照理按束士农商。如若做事不合理，拿送司爷办伊身。
第一大粒西社陈，雄斯太公是伊人。第二乃是仙垄社，职居世袭麦总爷。
第三北社黄白太，第四炎爷在塘西。第五南社陈潮秀，第六东社让秀才。
绅士个个好名声，理事公道无乱行。士农不敢妄违法，合埠和顺免惊营。
只等按下不必提，唱出神事人知几。第一有钱长发厂，销产俱是绸缎行。
第二便是永兴街，米豆机行亦整齐。第三就是西门外，厂名唤做古新街。
第四仙桥近涵头，亦有茶居在高楼。第五便是洽兴街，洋货交易在外溪。
第六顺兴多洋行，亦有当铺共糖房。第七广胜销海味，亦有扣船共牵罾。
第八仙园四角街，酒坊药材亦整齐。中股行去是马路，早市到来人万千。
（汕头市政协学习和文史委员会：《樟林古港》）

樟林的发展，到嘉庆年间达到顶峰。当时，洋船的货物可以运到新兴街后的港道，从码头直接接入货栈。

---

① 关于这一点，可以参阅陈春声《从游火帝歌看清代樟林社会》。

所谓“皇城”，是指上边提到的樟林巡检司城。城里除了巡司的官厅，还有由老儒管理的文祠和僧人管理的关帝庙。“六社”，是指原来樟林寨的东、西、南、北四社和塘西乡，加上雍乾年间创乡的仙陇乡。“八街”，是指长发、古新、广盛、仙桥、洽兴、顺兴、永兴、仙园等八个街区。到了嘉庆以后，又修建了新兴街和元通街，大塘桥以南一段官路（铺仔前街）也发展起商业铺号。樟林港已经成为本地最发达的商贸港。位于樟林西面韩江北溪口的东陇，也成为商船停泊与出入韩江的要隘。

2. 地理条件与樟林港的衰落

柘林湾良好的港湾环境是樟林港兴起的重要条件。

地方志书这样描写柘林湾的地理条件：港湾处于闽粤之交，“切近漳州界，外抵暹罗诸蕃”，是海舶由闽入粤的门户。“四面屏蔽，虽大洋，无风涛之患，为商艘停泊之所。”明代嘉靖时《潮州府志》已经提到，暹罗、日本等国商船，都以柘林湾为停泊点。然而，明代柘林的海上贸易并不繁荣，货物倾销范围只是港口附近的乡村而已。《东里志》里就有这样一段描述：“商船凑集于此，就此觅车起货至大城，或肩挑至大巷、上里、岭后、神前、上下湾诸村。”康熙皇帝开海禁后，柘林湾才成为本地区海上贸易重要的集散地。

柘林湾内有大港、西澳、浮浔等多个港点，以浮浔港最为重要。浮浔港位于北溪口对面的海山北岛，港面宽阔，有北岛为屏障，防风避浪条件好，南有高沙深沟直通外洋。柘林湾东部大港、西澳等港船只，从汫洲入鸿沟、经浮浔到达东陇溪口，也十分安全。浮浔港可以说是樟林港的外港。地方志说，韩江北溪从东陇东流，“由乌涂尾水晶宫前出海，直抵浮浔，为商船停泊处”。

这是一张拍摄于20世纪80年代的照片，古港遗址还存留着颇宽阔的水面。

优越的地理条件使樟林港在清代咸丰以前一直保持着本区主要商港的优势。

在《历代宝卷》、《巴达维亚华人公馆公案簿》等中外档案中，可以找到不少有关樟林港出航的商船在环中国海活动的记载。关于这些记载，在下文还会作具体的介绍。

有一种通行的说法，认为樟林港的衰落，是由于汕头辟为商埠，商业中心转移的缘故。其实汕头开埠，只是樟林港衰落的一个因素，但更重要的因素是东陇溪口和柘林湾西部内海的淤浅与围垦。由于本地人口在乾隆中期以后快速增长，粮食供应不足，人工围垦的情况愈来愈常见。根据嘉庆时《澄海县志》载，清康熙二十六年（1687 年）至乾隆二十四年（1759 年）七十余年间，全县“首垦额外沙坦 325 顷 72 亩”，平均每年围垦面积为 452 亩，而北溪口所占比例不止三分之一。道光以后，北溪口滩涂的围垦继续进行。围垦加速了航道的淤积和港湾停泊环境的恶化。光绪时《海阳县志》便说：“东溪水浅淤，凡潮、揭、澄、饶、惠、普之艘，皆沿西溪以达于城下。”樟林港逐渐没落了。

（三）红头船

1. 红头船印象

原籍樟林的著名散文家秦牧，写过一篇以“故乡的红头船”为题的散文，文章里对红头船有一段生动的描写：

熙熙攘攘的新加坡河上，除了这些热闹的劳动场面以外，还有一个奇特的景观，吸引了我这个异邦少年的注意。那就是有一种船，船头漆成红色，并且画上两颗圆圆的大眼睛。木船本来就有点像浮出水面的鱼，画上这么一对眼睛，鱼的形象，就更加突出了。听长辈们说，这叫做“红头船”。当昔年海上没有轮船或者轮船还是很少的时候，粤东的居民，就是乘坐这种红头船出洋，来到新加坡和东南亚各国的。三十年代的红头船，倒不一定仍然经常来往于祖国或新加坡之间，那大抵是当地居民“仿古法制”，藉以纪念先人，也用来驳运东西的一种产物。（汕头市政协学习和文史委员会：《樟林古港》）

这种把船头漆成红色的海船，是在雍正年间才出现的。

18 世纪英国画家描绘的停泊在新加坡港的红头船。

清初实行海禁，下令将所有沿海船只，悉行烧毁。潮州从事海上贸易的船舶也破坏殆尽。因为“无船通商”，康熙十一年（1672 年）潮州谷米积滞，谷价大贱，一两白银竟可以买谷 30 石。（周硕勋：《潮州府志》卷十一）这个时期，只有控制着本地区的官员和豪强们，还可以倚仗自己在地方上的权势，进行海上贸易，我们在上面已经讲过。

康熙二十三年（1684 年），清王朝陆续开放东南沿海四省海禁。但是，对海上贸易仍然有种种严格的规定，其中包括海船的修造与管理。康熙四十二年（1703 年）的诏令规定，出海贸易的商船，允许用双桅，但是梁头（大桅之前隔舱板的横梁，也就是船体最宽处）不得超过一丈八尺，船工不能超过 28 名；梁头一丈六七尺的船只，船工不能超过 24 名；梁头一丈四五尺的船只，船工不能超过 16 名；梁头一丈二三尺的船只，船工不能超过 14 名。造船之前，还必须经过州县长官审查，造船者的确是财产殷实的良民，再由保甲、宗族和邻右当堂画押作为保人，然后才可以着手修造。（《清会典事例》卷一二〇“吏部处分例·海防”）

2. 红头船制度

到了雍正五年（1727 年）海禁重开之后，潮州航行外洋的商船迅速发展起来。船只的尺寸和船工的人数都逾越了原来的规定。而实际上，朝廷的规定也顺应着现实的需要，逐渐放宽。

1971 年在樟林港头冲河口出土一艘用暹罗楠木制造的红头船残骸，图为发掘现场。

1971 年，澄海东里南畔洲河滩出土了一艘清代洋船；1972 年，东里和洲河滩又出土了一艘清代洋船。这使我们能够从实物了解当时海上贸易船的规模形制。《澄海县文物志》说，前一艘船长 39 米（十一丈七尺），宽 13 米（三丈九尺），有 5 层舱房，后一艘船残长 28 米（八丈四尺），船舷编号刻记标明是“双桅”船。沈能毅的《中国帆船法式》说，大型艚船，长十六丈五尺，宽三丈六尺，能载重 480 吨。南畔洲出土的海上贸易船，用料讲究，构造结实，长度比上述帆船法式稍短，广度则比记载的法式稍宽，估计载重量也可以达到 400 吨。

清代潮州海上贸易船依旧是“白艚船”。清初广东著名学者屈大均在《广东新语》中描述了这种海船的形态：整艘船就像一条海鲸，船头高高翘起，画着两只黑黑的大眼睛。直到今天，潮汕地区的渔船还保留着这种奇特的外貌。

为了防范出海船只违法资盗，朝廷又实行各种管制办法。康熙五十二年（1713 年），要求海船在两侧船舷“刻某省某府州县第几号商船渔船，及船户某人”字样。（《清圣祖实录》卷二五八“康熙五十三年三月甲辰”）和洲出土帆船的船舷上，就刻有“广东省潮州府领□字双桅一百四十五号蔡万利商船”的标记。到了雍正元年（1723 年），更进一步将出海的商渔船按照省份区别油饰，以便于管理，“自船头起至鹿耳梁头止，大桅上截一半，各照省份油饰。江南用青油漆饰，白色钩字。浙江用白油漆饰，绿色钩字。福建用绿油漆饰，红色钩字。广东用红油漆饰，青色钩字。船头两披，刊刻某省某州县某字某号字样”（《清会典事例》卷六二九“兵部·海禁一”）。由于广东洋船船头和大桅上截用红油漆饰，因此俗称广东洋船为“红头船”。

澄海红头船公园的古船雕塑。雍正元年（1723 年），朝廷为了方便管理，将出海船只按省区别油饰，广东洋船船头和大桅上截用红油漆饰，于是就有了“红头船”的称呼。

清代中期，潮州的红头船走南闯北。郑昌时《韩江闻见录》记录潮州民谚：“上至天津，下至马辰。”马辰在印度尼西亚南加里曼丹省，今天仍是个重要商港。图为马辰海边的吊脚楼建筑。

潮州的洋船原先大多用粤西出产的铁力木制造。后来朝廷准许海商从暹罗造船回国，就有了用楠木、麻栗木制造的洋船。南畔洲河滩出土的红头船，整艘船都用泰国楠木制成，从头至尾有 49 片壁板，构件的连接用的全是铜钉。和洲河滩出土的红头船，桅杆是用南洋出产的昆甸木制成。泰国学者素攀·占塔哇匿在《泰国潮州人的故乡》一文中，推测东陇港出土的红头船是潮州人在暹罗修造的，并从事着樟林与暹罗之间的海上贸易。他引用克罗克福的记载说：“几乎所有的航行于印度和中国之间的大帆船，是在昭披耶河畔的暹罗王国首都曼谷造的。这主要是选择利用优质的柚木和廉价劳动力的便利……”克罗克福还非常具体地指出，470 吨的船在曼谷造价仅 7 400 西班牙币，如果在樟林，船价则是16 000西班牙币，在厦门则是21 000西班牙币。在1820年到1830年，400吨船在曼谷造价则大约为2万铢。（［泰］素攀·占塔哇匿：《泰国潮州人及其故乡潮汕》“前言”）从材料的优良和造价的低廉来看，占塔哇匿的这种推测有很大可信性。中国方面的材料也可以证实，乾隆以后，暹罗已经成为中国商人的海外造船基地，许多海商都在暹罗造船，然后买米运回中国。乾隆十二年（1747年）福建巡抚陈大受就在奏折提到，乾隆九年（1744年）以后，龙溪县商人不断前往暹罗造船买米，并奏请给商人们发放印照（林京志：《乾隆年间由泰国进口大米史料选》），他的请求得到乾隆皇帝的批准。

3. 潮州的红头船队

乾隆以后，本地的洋船数量究竟有多少呢？和洲出土洋船船舷所书写的“广东省潮州府领□字双桅一百四十五号蔡万利商船”，中间的缺字，就书写体例和洋船的出土地点，可以推知是个“澄”字。虽然现在无法确知清代潮州海上贸易商船的数量，但是，从这个登记号可以知道，当时在澄海县注册的双桅远洋商船数量，至少是一个三位数。

乾隆以后，以韩江为运输动脉，海外与兴梅汀龙的经济联系发展起来了。韩江上百舸争流，输送着巨大的物流人流。

潮州城成为韩江流域的经济中心，靠近东面堤城的地段，商铺毗连。这是清末潮州太平路旧照片。

光是樟林港一处商人，就拥有几十艘海上贸易船。乾隆五十二年（1787年），出资兴建新围天后宫，题名于碑记的商船户有15户：

商船户：林瑞合，陈胜瑞，以上各捐艮十元。

商船户：陈有金，陈瑞发，陈瑞和，陈启隆，许瑞丰，陈瑞茂，刘恒盛，黄万□，黄万金，黄万利，余发万，陈万利，陈聚万，陈发利，以上各捐艮三元。[1]

红头船是19世纪中期以前潮汕人移民东南亚所依赖的交通工具，它在东南亚潮汕人心底刻烙着深深的印记。2009年8月，马潮联会纪念大会在山打根召开，期间，山打根潮州会馆举行了一次“红头船”儿童填色比赛。这是两幅获得“特优”奖项的作品。两位小学生传承着前辈的记忆，却有着截然不同的想象。前一幅作品，红头船在狂风巨浪里拼搏，寄托着对前辈无畏精神的景仰。后一幅作品，红头船已经抵埠，艳阳高照，表现了海外潮人的自豪感和对美好未来的憧憬。两相映衬，让我们更深刻地体味到海外潮人为什么会把“红头船精神”确认为族群文化精神。

这只是樟林商船主中的一部分。《历代宝卷》中提到，在乾隆五十年（1785年），驾驶澄字五百二十三号商船，在航行过程失事，漂流到琉球的，还有一个船主陈万金，就没有在上述名单中出现。大船主一人还可以拥有几条商船，《樟林游火帝歌》就提到本地人物中：

积祖富贵也不少，发有洋船数十号。陈姓发只号贞兴，一只庠发更才能。

---

① 碑记现存樟林新围天后宫旧址，上引题名分别见左庑第三碑和第八碑。《澄海县文史资料》（第3辑）所载李绍雄《樟林沧桑录》一文，说有商船主48户，实误。

杨姓一号叫和裕，洪姓万昌意更兴。许姓有只美书公，发有三号上威风，

一号叫做万合发，二号叫做万合隆，三号叫做万合成。瓜册命爷更才能。

一号洋船叫福顺，二号洋船是大升，余下船号说不完。

从潮州开出的庞大的贸易船队，北上苏松，直潮津门，南下雷琼，抵东南亚，成为当时海上运输和贸易的主干力量。另外，当时来往于东南亚与中国沿海海港口之间的一些海外商船，实际上也属潮汕人所有。Charles Gtitzlaff 曾这样记述道光年间暹罗与中国的海上贸易船队：

船只共约八十艘……这样的船叫白头船，通常系在暹罗修造，载重约二百九十至三百吨，由广东省东部潮州人驾驶。这些帆船大部分归曼谷的华侨或暹罗的贵族。前者派遣自己的亲戚，常常是女婿，到船上做货物管理员；后者所派定的货物管理员，由戚属们担保。[1]

从海外潮汕人强烈的乡土观念这方面考虑，我们毫不怀疑那些与货物管理员（船长）有亲戚关系的华侨船主也是“广东省东部潮州人”。

（四）货通南北

汕头的兴起，早在红头船贸易的时代。乾隆时《澄海县志》八景图中的“估舶桅灯”告诉我们，当时的妈屿岛内，已经是海舶云集的商港。

① 转引自聂宝璋《中国近代航运史资料》（第一辑）。“白头船”可能是“白艚船”的误译。

开埠以后，汕头建设起洋轮码头。暹—香—汕—沪经济圈的繁荣，使汕头港的吞吐量迅速增长，给潮州商帮带来巨大的经济利益。

乾隆以后，清廷的开放政策、本地的海上贸易传统、优良的港口和船只、农业的商品化等因素，使潮州商人的海上贸易活动规模越来越大。海舶往来，货通南北，主要有大米、陶瓷、蔗糖、大豆、棉花、棉布，还有纸张、烟丝等。潮州商人的商品经营，在环中国海域周边的埠市之间，编织出一个庞大的商业网络。

这时，潮州商人海外贸易的重点地域，从东亚转向东南亚。对日本的贸易基本上断绝，对暹罗、安南和南洋各埠的贸易却有了很大的发展。

1. 大米贸易

榕江流域的稻米输出

大米贸易是清代潮州商人最主要的经营。

明代后期，潮州还是一个粮食输出地。这有赖于榕江平原良好的生产条件和丰盈的产出。榕江河道深，流量大，沿江土地肥沃，很少受到洪灾旱灾的威胁，又远离外洋，大潮冲决海堤成灾的情况也不多见，稻米单产和总产量相对较高而且稳定。当时潮州沿海地方，都靠揭阳的粮食接济。崇祯时《揭阳县志》载，榕江流域“平原沃野，高下别壤，宜稻宜黍。所以潮之饔餐，半取资于兹土。担负舟移，日计千百。而南澳一岛，告籴岁烦文移，菽粟水火，利波于邻”（刘业勤：《揭阳县志》卷七“风俗·物产”）。揭阳稻米还远售闽省。光绪时《海阳县志》记载，万历二十一年（1593 年）广东巡按王有功下令禁治闽商私籴，说“闽商白艚至广辄多买米，以私各岛，牙户利其重赀，相与为奸，米价辄腾”。当时闽广沿海各岛屿大多被海盗盘踞，所需要的粮食，基本上是到潮州来籴买。福建沿海也依赖于榕江流域的粮食供应。雍正初，蓝鼎元的《揭阳图说》记揭阳县治有一项他县所无的“落地税”。这个税项在晚明开始征收，为“闽省海船进港籴米而设”，“岁额一千八百六十四两有奇”。从这条记载可以看出，当时揭阳港稻米贸易量非常大。用古代商税“三十取一”的通例计算，1 864 两落地税额，应该有接近 56 万两的贸易银额。晚明本地粮价的高低，现在找不到文献的记载，如果以康熙年间稻米每石银 0.8 两的常价计算①，每年由揭阳港运往福建稻米的数量，达到 70 万石。

因为产粮，榕江流域在明清换代之时，成了郑成功集团打粮的主要基地。为了争夺粮食，城内战乱纷纷，百姓饱受煎熬。

直到清代初年，潮州稻米仍然作为大宗商品出口，有赖于商舶收购输出。嘉庆时《潮阳县志》记载，清初当地因为“无船通商，米谷大贱，谓之熟荒。每两银白谷二十五石，赤谷三十石”，导致“业户无可输课，耕夫无可赡家，田多抛荒不治”的荒情。蓝鼎元在《揭阳图说》中提到揭阳港“落地税”时，也说“闽商不至，税无所出”。

乾隆年间，揭阳知县刘业勤为揭阳天后宫撰写《天后庙重建碑记》，碑记里说：“揭地濒海，其土沮洳。近达漳泉，远通吴越。商舻贩舶，出入于稽天巨浸中。”这些海舶，有很多还是为了贩运潮州米谷而来。由于榕江水道便于运输，榕江流域普宁县所产的稻米，大多经由揭阳港出口。乾隆十年（1745 年）普宁县令萧麟趾在《调剂仓储议》中说，“普邑本产米之区……连年丰熟，不特上户家有盖藏，即编氓俱各足食，是以市中米谷，粜者多而籴者少，价也暂平”。当时普宁多经营粮业的商人，全县有墟市 11 处，粮业墟市占了 6 处，其中鲤湖、湖东、大坝、新昆安 4 个墟市都坐落在榕江南河沿岸，可以从榕江水道将粮食输出。

康熙以后的粮食输入

康熙到嘉庆这一段时间里，本地区粮食市场出现了戏剧性变化，

---

① 这个粮价，见《广东巡抚范时崇奏报夏收登场折》和《两广总督赵弘灿等奏粤东年成并送有技艺西洋人赴京折》的记录；中国第一历史档案馆编《康熙朝汉文朱批奏折汇编》第一册。

从有稻米输出变成要依赖进口稻米来解决粮食不足的危机。

引起这种变化的原因有三：

第一是朝廷为了吸引东南亚大米进口，给予优惠政策，打击了本地粮食输出市场。康熙六十一年（1722年）有诏，“暹罗贡使言其地米甚饶裕，银二三钱可买稻米一石。朕谕令分运米三十万石至闽广江浙，于地方有裨益，不必收税”。乾隆八年（1743年）以后，番船将价格低于本地稻米市场价格三四倍的暹米运入闽浙，也就难怪揭阳港“闽商不至”了。

第二是由于商贸活动的繁荣，经济作物的种植面积增加，导致本区粮食总产量下降。

第三，也是最重要的原因，是康熙后期以来的政策变化和社会安定，使得本地人口增长速度过快，粮食产量已经不敷供应，不得不仰给于暹罗、安南和海南诸郡。

嘉庆时《澄海县志》记澄海商舶“自海南诸郡转输米石者，尤为全潮所仰给”。除了海南诸郡，上文也已经讲过，本地的大米进口最主要来自暹罗，而安南也向潮州输出大米。

海阳、澄海是严重缺粮县，海阳和澄海商人有许多是通过从海上贩运大米起家的。就像上面讲过的，即便是暹罗国的番船，也有一部分船主和船长是潮州人。

有关清代潮州府缺粮和粮食进口的情况，陈春声在《市场机制与社会变迁：十八世纪广东米价分析》中有很详细的论述。

2. 潮糖、潮布、潮烟

海上贸易事业的兴盛，带动了潮汕地区农业商品化和手工业制造的进一步发展。

本区通过港口输出的物资品种趋多样化，其中不乏在海内外市场有较好声誉的商品。蔡鸿生教授曾经指出，在清代国内市场上，有3种显誉大江南北的潮州货：潮糖、潮蓝（布）和潮烟。（蔡鸿生：《清代苏州的潮州商人》）

潮糖

当时潮州地区盛产蔗糖，地方文献上有很多记载。

蔗糖是清代潮汕地区最主要的输出商品之一，蔗糖贸易给潮州商帮带来巨大的财富。这是清末画家笔下的潮州糖寮绞蔗图。

雍正时《惠来县志》说：“甘蔗，其汁煮成糖，惠产尤佳，可以裕民。”（张玿美：《惠来县志》卷四）

乾隆十三年（1748 年），潮阳县令李文藻有《劝农》诗云：

岁岁相因是蔗田，灵山西下赤寮边。
到冬装向苏州卖，定有冰糖一百船。（李文藻：《劝农十二首》；周恒重：《潮阳县志》卷二十二）

嘉庆时《潮阳县志》记本县“黄糖白糖，皆竹蔗所榨，商船装往嘉松苏州，易布及棉花”，可以作李文藻这首诗的注脚。（唐文藻：《潮阳县志》卷十一）

光绪时《揭阳县续志》载：

糖榨蔗汁而成，有乌糖、沙糖、白糖数种。白糖即糖霜，糖霜有谱，惟揭中制造为佳。棉湖所出者白而香，江苏人重之。今栽种益繁，每年运出之糖包，多至数十万，遂为出口货物一大宗。（李星辉：《揭阳县志》卷四）

潮州所产蔗糖除了一部分在本地销售和销往韩江上游客区外，大多销往苏松以至天津。出口量之大，《立雪山房文集》中有一个更加具体的例子可以说明：

本年（嘉庆十四年）六月初三，澄海县界客船陆拾余号，各装糖包满载，或三千包，或四千包，连船身计之，一船值银数万，将往苏州、上海等处。（黄蟾桂：《晏海渺论》；《立雪山房文集》“论”）

清代潮州商人靠着蔗糖贸易致富者甚多。光绪时《海阳县志》载黄钊诗，就说潮州地方“国赋输盐铁、家赀擅蔗糖”（黄钊：《潮居杂诗》；吴道镕：《海阳县志》卷七）。而嘉庆时《澄海县志》有更加具体的记述：

邑之富商巨贾，当糖盛熟时，持重赀往各乡买糖，或先放赈糖寮，至期收之。有自行货者，有居以待价者，候三四月好南风，租舶艚船装所货糖包，由海道上苏州、天津。至秋东北风起，贩棉花、色布回邑。（李书吉：《澄海县志》卷六）

这些资料记录了潮糖的生产、销售形式与规模、转运方法、倾销地点，还指出潮糖在本区经济发展中具重要地位：可以裕民，可致豪富。由此可见清代本区蔗糖制造业的兴旺。

潮布

清代潮汕地区不再生产丝织品，棉麻纺织业则成为相当普遍的农村家庭手工业。各府县志书的物产货品之部，对各种棉麻制品都有记载。

清代文献中提到潮产棉布的，有李调元的《南越笔记》：“潮阳产绒布，极重密，蔽风雨，俗称潮布，行用远近。”（王锡祺：《小方壶斋舆地丛钞》第九帙）乾隆时《潮州府志》也记载：“棉布，潮之女红最勤，所出极多。其染蓝色者光艳耐着，名曰潮蓝，通行直省，世咸重之。”（周恒重《潮阳县志》卷十二、吴道镕《海阳县志》卷八都引录了这则材料）潮蓝本来是染房使用的蓝色染料，李斗《扬州画舫录》卷一记扬州染房所用染料，就有“潮蓝，以潮州得名”。潮州所产棉布，多喜用潮蓝染色，也称作“潮蓝”，因为色泽鲜艳又不易褪色，颇受青睐。乾嘉时畅销北方，同光后也出口南洋。

乾隆时《潮州府志》“物产”中，又介绍一种纺织结合刺绣的货品“潮毯”，说“他处之毯多以牛羊毛组成之，潮毯则用棉与线而已”，其中有一种是“先以棉布为质，而加以采丝，绣之紫凤天吴，

各状具备，更绚烂可观”[①]。因为潮毯生产跟棉布相关，这里附记上一笔。

潮州出产的麻织品有苎布和麻布，薄爽宜夏服，因而也有“夏布”的泛称。乾隆《揭阳县志》记载，“苎布，九都皆有，乡无不织之妇故也。其精细者名‘机上白’，价可倍纱罗”（刘业勤：《揭阳县志》卷七）。光绪时《海阳县志》也说“麻布，俗称波罗麻，系波罗果叶中之丝，刮而织之以成布者。山村多有之，夏月与苎布并行”。（吴道镕：《海阳县志》卷八）

苎布与麻布盛销朝鲜。由于广受东南亚华侨的喜爱，也销往东南亚。[蒋祖缘：《广东航运史（近代部分）》]

潮烟

潮产烟草，潮阳最多。光绪时《潮阳县志》自夸“棉产为上，叶梢承露，制烟极佳”（周恒重：《潮阳县志》卷十二）。烟草的老叶及根茎，可以用来做杀虫剂。李文藻《劝农》诗言：“预为稚根杀蟊贼，田塍多种淡巴菰。”（李文藻：《劝农十二首》；周恒重：《潮阳县志》卷二十二）诗歌中的“淡巴菰”，是烟草的异称。

清代潮属的大埔、丰顺，嘉应州属各县，福建汀州的永定县都盛产烟叶，产品经韩江运到潮州府城，加工成吸水烟用的皮丝烟，销往北地，也出口南洋。（萧冠英：《六十年来之岭东纪略》）刘鹗《老残游记》第五回提到老残来到山东曹州府，饭后无事，“便向街头闲逛。出门望东走了二三十步，有家小店，卖油盐杂货。老残进去买了两包兰花潮烟”。这“兰花潮烟”就是用泽兰子拌制而成、专供吸水烟之用的潮州产皮丝烟。

3. 其他出口土产

除上述3种名产之外，在海上贸易活动中，作为出口商品大宗的本地手工业产品还有青花瓷器、生铁锅、纸张等。

青花瓷器

瓷器是潮州传统的手工业。晚明以后，潮州制瓷业的中心转移到海阳枫溪、饶平九村和大埔高陂。

---

① 周恒重《潮阳县志》卷十二也引录了这则材料。

对枫溪的陶瓷生产，现在幸存下来的万历二十八年（1600 年）《西厢陶工碑》是一件实物证明。产品外销的情况还不清楚。

饶平九村在 20 世纪 80 年代文物普查中发现窑址近二十处，从明代嘉靖年间开始大量生产青花瓷器。明代九村所生产的青花瓷器都是盘、碗、碟一类日用瓷，胎骨较薄，质坚色白。图案题材多样，有人物、花果、禽鸟等各种动物，又用各种锦纹、菊瓣装饰，显得活泼多姿。在烧制过程中，为了防止叠釉胶粘，圈足底用细砂垫铺，烧成后形成“砂足”。这个特点，成了鉴定明代这个区域生产的青花瓷的标志。我们也可以因此而得知，明代九村青花瓷器远销东南亚一带。（杨少祥：《广东青花瓷器初探》）清代九村瓷窑继续生产，其产品由大埔高陂输出，由于受九村青花的过境影响，高陂于清初开始生产青花瓷器。（饶宗颐：《潮州志·实业志》）这时本地生产的青瓷产量增加，而制作渐趋草率，产品主要是日用粗瓷。这也许是海外贸易的需求关系使然。《陶瓷之路》一书谈到输入东部非洲的中国瓷器时说：

> 十五世纪后期开始，在肯尼亚以南城市中，发现了特别大量青釉瓷器的一般制品和粗制品。对于这件事，似乎可以说明，那里已经形成了这样一个社会，它并不特别奢望优质品，但求能获得大量的一般制品。再从中国方面的情况来看，十五世纪以后浙江、福建和广东三省，陆续兴办了地方窑烧制普通的青釉瓷器。这些地方窑的产品，可以说都是为了大量输出。（［日］三上次男：《陶瓷之路——东西文明接触点的探索》）

由于生产时间、生产规模和制作风格等方面与上引论述相吻合，大概可以断定，这些地方窑包括九村窑与高陂窑。清代庵埠港便以瓷器为主要出口商品。（《庵埠志》“海关”）同治三年（1864 年），潮州瓷器输出额十六多万元，批量很大。（赵伯群：《古潮州港口变迁与海上贸易》）

生铁锅

明万历年间，本区冶铁生产已具备一定规模，海阳、揭阳、程乡、大埔、平远 5 县，共有炼铁工场约六十五座。（郭棐：《广东通志》卷四十一）这些冶炼场所产的生铁，除部分运佛山再加工外，还铸成铁

锅销往海外。因为生铁的外销，甚至滨海地区的商人，也有靠着冶铁起家的。（王岱：《澄海县志》卷五）

1573年马尼拉第二任西班牙总督拉末沙礼士写信给国王，报告明朝与马尼拉的贸易时，提到中国商人带来的货物中包括生铁。[1] 其时潮州与马尼拉之间的民间贸易频繁，报告提及的“中国商人”当包括潮商。到清代，本区铁锅仍大量外销。光绪时《潮阳县志》所载海关条例中提到的商品抽税照例中便有铁锅一项。（周恒重：《潮阳县志》卷九）张之洞在《请开铁禁折》中也提到，光绪十五年（1889年）以前，每年出口到新加坡等地的铁锅，“由汕头贩去者约三十余万口”。（张之洞：《张文襄公全集》卷十九）

纸张

康熙年间开始，福建汀州龙岩各县造纸业很快发展，从业的纸农数以十万计，土纸年产量最高达十余万担。产品以韩江为通衢，大量外销。潮州府城成为汀龙土纸的集散地。韩江上游生产的土纸，多从潮汕出口，运往香港及东南亚。

汀龙土纸分为福纸和篓纸两大类。福纸的产地在上杭、武平、长汀、龙岩、永定，产品有龙下、蚊香、溪黄、足百、节包、加长等名目，统称黄白福纸，亦称草纸。篓纸主要产地在连城的姑田、莒溪和上杭的古田，产品有高连（亦作高簾，包括大连、中连、粉连、长连）、毛边、玉版、玉扣、京庄、重贡、贡川、山贝等名目，因纸张用竹编篓包装而称篓纸。（郑启昭：《解放前潮州竹类、土纸业剖析》）

篓纸类或者在潮州府城加工成各种纸品，如中式账簿、笺函稿纸、色纸蜡纸等，或者原件转销。销售地除了本地各县之外，还有香港和东南亚各埠。《中国海关：各口海关贸易报告册》汕头口1868年的报告说，1867年有234条夹板船驶进汕头港，载走“运往香港的纸张”[聂宝璋：《中国近代航运史资料》（第1辑）]。福纸类的节包纸、龙下纸大多由饶平黄冈、海阳（潮安）庵埠和澄海南洋等地的商号前来采购，加工制成“神纸”外销。运销天津、青岛和烟台等地的产品称为“北金”，运销暹罗、安南及新加坡等地的产品称为“南金”。乾隆以后，在潮汕有众多人口以制造“神纸”为生。[彭泽益：《中国近代

① 《菲律宾群岛》第3卷，转引自李金明《明代海外贸易史》。

手工业史资料（1840—1949 年）》]

除上述几种商品之外，清代输往海外的本区土产还有手工工艺品和农副产品，比如柑橘等鲜果，戏装绣幛等工艺品，柑饼、五味姜等传统果点。但这些商品的外销数量，远没有瓷器、生铁锅和土纸多。

4. 长途转运

从南洋进口本地的商品，除了大米之外，主要有胡椒、苏木、槟榔等南洋土产。清代中叶以后，由于潮州与东南亚商业贸易的繁荣，墨西哥银元（鹰洋）和安南铜钱大量流入本地。直到今天，我们在民间收藏家那里还经常可以见到这类货币。

上文引用《华夷变态》的资料，说明清代中叶以前，本地区贸易商船已经以长途贩运为重要活动模式。或许在清代中叶以前，本地区海上贸易主要还是以本地产品为出口商品。事实上，即使在清代中后期，本地海上贸易船队所载运出口的商品，也不乏本地土产。但是，到了清代中后期，随着贸易船队规模的扩展，本地产商品不能满足船队一次满载的要求，潮商的海上贸易开始进一步向长途贩运倾斜。嘉庆时《澄海县志》载有陈芝所撰写的《建南门外天后庙记》。这篇碑记说，当时潮商从事长途贩运，“贸易数省，上溯津门，下通琼趾，布帛菽粟，与夫锦绣皮币之属，千艘万舶，履焉如夷”。（李书吉：《澄海县志》卷二十五）R. M. 马丁更为具体地谈到由潮州人担任船长或货物管理员的暹罗船，从暹罗运载米、糖、象牙、苏木等货物，到北方各省销售，又从北方各省购买面粉、谷物、豆、羊肉及其他食品返回，“到任何港口都可做点儿买卖”。（聂宝璋：《中国近代航运史资料》）

在琉球王国的档案汇编《历代宝卷》中，很具体地保留着一些清代中后期潮州商人在环中国海长途贩运的事迹。为了节省篇幅，我们把这些资料列成表格：

时间	船名	船商	人数	长途贩运情况
乾隆五十年（1785 年）	澄字五百二十三号	陈万金	38	六月二十八日装载槟榔，本县开船，七月十五日到天津府兑换贸易。十月七日其处出口，十一月六日往到盛京省奉天府宁海县置买黄豆。十一月二十八日开船，十二月二日到山东大石岛山，同日放洋，要回本县

（续上表）

时间	船名	船商	人数	长途贩运情况
嘉庆十九年（1814 年）	澄字一百四十九号	吴利德	船工 36，搭客 22	六月十八日装载赤白糖等项在东陇港开船，八月七日前到天津府发卖其货，九月十一日该地开船，转到西锦州置买黄豆、木耳、牛油、甘草、防风等件，要回本籍
道光三年（1823 年）	（海丰）县字二十七号	郑仁记	船工 46，搭客 44	四月十八日装载黄糖、苏木等项在澄海县出口，五月二十五日到上海县贸易。十一月七日装载棉花、豆饼、布匹等，该县开船
道光十年（1830 年）	澄字一百五十九号	杨传顺	船工 18，搭客 5	五月十五日装载黄白糖等，在琼州陵水县开船，因风不顺在各处湾泊，至八月五日天津发卖，九月十五日该处出口，二十日到奉天宁远州收买黄豆，十月初七开船回籍
道光十年（1830 年）		林福礼（客商林仁等）	33	五月二十二日在广东东陇港装载糖货出口，六月初二日到上海县贸易，收买棉花、米豆等物，十一月十一日该地开船回籍
道光十六年（1836 年）		陈进利	船工 40，搭客 10	六月二十一日在广东澄海县装载糖货出口，七月二十九日到山东洋面停泊，八月十六日到天津贸易。九月二十日从天津到山东福山县采买黄豆、小麦、豆饼等，十一月初五放洋回籍

从这些资料我们可以知道，潮州商人从海上贩往北地的货物，主要是本地和雷、琼等处生产的蔗糖，还有从南洋转运的槟榔、苏木等，其贸易港口有天津和上海两处。从上海贩回的货品有棉花、布匹、米豆、豆饼等。从天津发货后，商船一般转到环渤海的奉天省或山东省收购黄豆、小麦、豆饼和木耳、牛油、甘草、防风等土产回籍。

五、小商贩：潮州商帮的另一支柱

（一）“小小生理会发家”（上）

潮汕有句俗语：“小小生理会发家。”在地理环境和社会压力的双重挤压下，许多没有田产的潮汕人不得不做点小生意，靠它来谋生。乾隆时《普宁县志》就有这样的记载：

> 商习逐末取赢，毫芒必较。然无大商，其资本多仰给于富室，而为之四出经营，以分其息。
>
> 小民无田业者，多贩蔬果及槟榔、荖以自给。（萧麟趾：《普宁县志》卷8）

这些自筹或借一点小本钱，以经营小生意为业的人，我们称其小商贩。

1. 小商贩的“十二月歌”

小商贩的生意小，经营形式却同商人一样，一般可以分为两类：落地经营，开个小店面，摆个小地摊；流动经营，挑着担子，过乡过里，走街串巷。

小商贩谋生不易。本钱太少，甚至连小本钱也难筹到，许多小商贩只能用赊货卖货的方式来经营。他们会在不同的时节，迎合社会生活的不同需求，做不同的买卖。旧时潮州城流传着一首“十二月歌”，这样描绘小商贩们动荡不安的生活：

> 正、二择柑皮，三、四卖杨梅，五、六煮草粿。七月去抢孤，八

月去脱芋。九、十卖筲箕，十一、十二鏨大钱，一年过了又一年。（许振声：《潮城小商贩素描》）

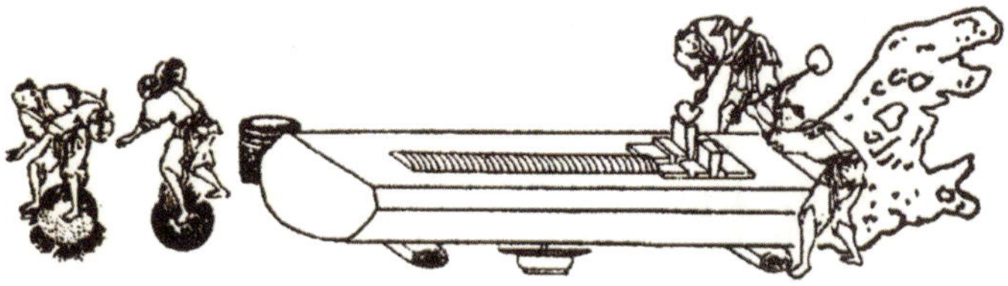

清末画家笔下的潮州油车榨油图。从事长途贩运的潮州商帮从北地买回大豆，在台湾买回花生，榨油后，豆饼就是本地农作物肥料的主要来源。

湘子桥上的小贩。湘子桥是有名的桥市，《粟香二笔》载："湘子桥在东门外，桥宽而长，东西石墩二十三，两旁店铺比栉，中段以红船十八为浮桥。"浮桥也被善于经营小生意的潮州人利用了。照片近景是位挑担下乡的女小贩，中景有两个摆卖水果的摊位。

潮州产柑，柑皮被用来制作"九制陈皮"等一类蜜饯。正、二月，潮州四乡六里游神拜神，要用柑做吉物祭神。吃柑多，丢掉的柑皮也多，小商贩们可以很便宜地收购柑皮，再卖给蜜饯加工场。三、四月，杨梅等果子上市，价钱便宜，小商贩们就从果农那里买些时鲜果子，挨家挨巷叫卖。草粿是一种消暑食品，用草粿草（也叫仙草）熬成浓汁，勾上些薯粉水，冷却后成果冻状，类似广府地方的龟苓膏。加点糖粉食用，能去暑解渴，很受潮州人喜欢。五、六月，天气开始炎热，小商贩们肩膀上的水果担子换成了草粿担。七月，潮州乡村城镇会在不同的日子举行盂兰盛会，祭祀孤魂野鬼，最后有一个抢夺祭品的仪式开放给所有人，所以俗称这个节日做“施（潮州话读“薛”）孤”或“抢孤”。延续一个月的俗节，对各种廉价祭品的需求量很大，给小商贩们带来了商机。八月，田里的芋有好收成了。小商贩们会买来最便宜的芋头，脱去皮卖。晚稻收成时，打谷、晒谷，都要用到筲箕。九、十月，稻谷成熟，小商贩们就把筲箕一类小农具卖给农民。大钱是拜神用的大纸钱。这种纸钱用凿子錾出各种吉祥文字或图案。年底拜神的人多，十一、十二这两个月，小商贩们就会去做这类物品的买卖。

在这首“十二月歌”里，我们可以读出潮州小商贩生活的艰苦。年复一年，他们就这样不断变换着经营方向，为生活奔忙。同时，我们也可以从歌谣里读出潮州小商贩的辛劳和拼搏。

2. 潮州从小商贩做起的两家大商号

辛劳和拼搏，同时也给小商贩们带来发家的机会，从小本钱、小买卖慢慢做大，脱颖而出成为大商人。潮州城里旧时有两个有名的商号——经营百货的吴祥记和经营副食品、饮食业的林权记，都是从小商贩做出来的。

从“四永一升平”到小公园，汕头在几十年间上升为韩江流域经济中心。这是潮汕商人和客家商人一起努力拼搏的成果。汕头小公园最大的商业大厦南生公司就是印尼侨商、梅县人李柏恒建造的。

小商贩是潮州商帮的一股重要力量。辛劳和拼搏给小商贩们带来发家的机会。小本钱、小买卖慢慢做大，脱颖而出，成为大商人。20世纪40年代后期，从摆摊小贩起家的吴祥记富甲潮州。他在府城兴宁巷建造了一座豪宅，至今潮州人尚啧啧称道，以为“潮州厝皇宫起”的典型。

吴祥记的老板吴雪薰原来是摆地摊卖洋什百货的小商贩。就是在街头摆卖的日子里，也讲究“分钱分货”，明码实价，童叟无欺。大家都愿意买他的货。于是熟客渐多，生意渐大，成为本地首屈一指的商家，“吴祥记”的招牌终于打造出来了。潮州旧时最繁华的商业中心——太平路和西马路交接的那一个地段，两层的吴祥记百货商行无疑是主角。后来，吴祥记还涉足金融业，在汕头的小公园建了一座大楼。大楼今天还在，夕阳下，“吴祥记”三个大字依然清晰可见。

林权记的老板林树权，原先也是个小商贩。有人说他在灶巷头卖小糖食，也有人说他摆了一摊沙茶粿。林树权为人勤奋俭朴，老实经营，生意也越做越大，林权记就在西马路头开张了。林权记是潮州城最出名的食品商店，林权记大包和沙茶牛肉，至今仍为潮州人所念念不忘，试摘录两段网上的文字如下：

当日林权记所制的大包面粉上等，用酵适度，包个大且美，加以葱、鲜、腐乳汁料等作馅，有时再加鲜虾，或改变用鲜鸡肉，抑或来一小片火腿，变化多样，味道鲜美；每天上午九时半左右，一大笼一大笼热腾腾、香喷喷的大包从店内捧出来时，等购者已站满店前，不少是买作手信送礼，过路者更不愿失去机会，每个二角，价格适宜，大家吃得开心，只见连续卖至一点半，已是全部售卖一空了。

饮食店要以东门头林家园（原称林权记）最出头。沙茶牛肉，得先调配好沙茶酱汤，煮时还得先注意火候，不可太猛热，火猛牛肉易韧而无味；火候不够，牛肉又不够熟，故先注意火候适当。其次，牛肉应选嫩牛腿肉，对正肉纹而切，片薄而大，这样于滚热沙茶酱汤中一烫即熟，吃起来鲜嫩爽口。寒冬夜晚，三数好友，到林家园“打边炉”。

商店也经营副食品，有外埠的糖果饼干、腊味罐头，自家生产的“太上皇”腊肠和“林权记”腐乳饼，也是响当当的名产。

吴祥记和林权记的故事证明，只要不辞辛劳肯拼搏，只要老实经营讲诚信，“小小生意”也可以发家。虽然在生活中能够发家的小商贩少之又少，但潮汕人还是愿意相信这句俗语，从小生意做起，希望将来能够出人头地。

（二）“小小生理会发家”（下）

1. 海上贸易与海外移民

清代以后，潮汕人浪潮般一波又一波移民到台湾和东南亚。移民的原因并非都为海上贸易，然而，海上贸易仍是带动海外移民的很重要的动因。

康熙前期，朝廷海禁政令甚严。一些有海上贸易经验的潮州人可以借助地方势力经商获利，同时，也就有一些潮州人借机移居海外。

取消出海禁令之后，潮州族谱里的移民记录渐渐多了起来。其中有很大一部分，记录了潮州人因为从事海上贸易而留居南洋群岛的事实。

康熙年间的例子，《龙江蔡氏家谱》二十代仁房记载：

> 鸿岳，字乔楠，行四。公系尼生公第三子。康熙八年己酉（1669年）正月初五日丑时生，配城内市尾陈氏……因康熙三十一年癸酉（1692年）往阳江，七月间遇海盗，合众尽亡生意，不知卒何处。妻改嫁城内陆二龙家。
>
> 鸿弘，字乔梁，行七，系尼生公第六子。康熙十三年甲寅（1674年）十月二十五日寅时生。住居安南富春市。

蔡鸿弘是蔡鸿岳的弟弟，族谱虽然没有说明他侨居安南的原因，不过从这个家族的经商传统考虑，应该还是从事海上贸易的缘故。

雍正以后，潮州族谱有关族人移民海外的记录更加常见。《陈氏

文康公族谱》上面的记载，用连篇累牍来形容也不过分。族谱的第一册记录了这个宗族长房族人经商和移民中南半岛的情况：

十三世胜来，贤兹次子。名丑，配〇氏，子〇许。公终于暹邦。族传暹商十六万胜即此人也。

十四世双许，杰兹长子，经商暹罗。

十五世绳端，琴许长子。往番邦，终于海。配杨氏，继杜氏，子哲受。

十六世冬瓜，绳峦长子，终于暹罗。

十六世哲成，绳圭子。敕赠儒林郎，终于安南之广义。

十六世其辉，又成子。终于安南。

十六世其〇，公终于暹罗，名成吸，无传。

十六世其泽，绳双长子，国学生。配王氏，子鸿禧，继胡氏，又配杜氏，子祖符、祖惟。公合杜氏终于安南广义。配享三君书院。

十七世祖符，其泽次子。终于广义。子武贵。

十七世合丰，邦枝子，经商暹罗。

十七世谋贤，哲俊子。公终于暹罗。

十七世谋洽，哲成次子。配杜氏，子灿禧、灿烈。公终于安南广义。（上面引文无年代记录。陈氏文康公派下第十世大约生活在清初。其时距1860年近两百年，按“三十年为一世”计，故本文取材至十七世止。）

第四册有四房族人的相关记载：

十四世等许，伯常四子，终于暹罗。

十四世镐许，睿烈四子，卒于暹邦。

十五世绳元，镐许子，太学生，终于暹。配杜氏，无传。

十六世清，又孺子，终于暹邦，无传。

十六世永隆，绳馥四子，终于安南。

十七世祖识，其允七子，终于安南，无子，以连嘉过嗣。

上边引用的18条材料中，除了1条记载族人在前往东南亚途中遭遇海难，另外移居暹罗的有10条，移居安南的有7条。虽然明确说明在移居地经商的只有3条，但是，并不排除其他人移民经商的可能。

嘉庆以后，移居东南亚的华人不断增多，导致了对财副、行医先生、教书先生等类人才的需求。这个宗族十五世陈绳元和十六世陈其泽，显然都是读书人，他们从事的也许就是这类职业。

其他族谱也有这类记载。比如，《富沙王氏族谱》第廿一代有：

> 通先公之次子，讳良，字守〇，自幼往暹邦经营生意，娶妻于是地而居焉。
>
> 绵先公之长子，讳成起，往暹罗生意，娶妻于是邦而居。

王良和王成起是一对堂兄弟，自幼往暹罗经商，并在那里娶妻定居。族谱未曾记录他们经商和移民的具体时间，不过可以推断，时间大约在嘉庆前期。（族谱记载俩堂兄弟的叔祖王容客生于雍正戊申年（1728 年），以三十年一代计算，两人自幼往暹罗经商，时间当在嘉庆前期）这个族谱中登记了祖先墓茔碑字和祠堂里祖先的牌位，在廿一世祖守创光业公“碑字”的一旁，对他的妻子李氏作了这样一条附注：

> 李氏名白娘，谥勤吉，系鸥汀乡上社老爷厅大厝内。外公辛公早终，产一男，年幼，名阿起。纪氏妈后引溪仔墘李，讳文，字蒲〇公，产李氏。阿起长成，往夷邦新州生意，娶妻，产二男。

李氏是澄海鸥汀乡上社人。母亲纪氏嫁给鸥汀上社辛某为妻，生了一个儿子。辛某早逝，纪氏招赘李某入门为婿，生李氏。附注载李氏的同母异父兄辛阿起长大后，前往安南新州经商，并在那里娶妻生子。族谱里记李氏生于嘉庆十五年（1810 年），死于咸丰四年（1854 年）。（据《富沙王氏族谱》廿二世祖平典公“牌位”）阿起比李氏大数岁，长成往新州谋生，时间应当在嘉庆道光之间。

上面这些例子，都发生在清代中前期。到了晚清以后，潮州的海外移民迅速增多，劳工的比例也增大了，但从商仍然是海外潮汕人的首选。

2. 海外移民如何发家

关于这一点，前人已经有很好的概括，我们只需引用下来看看。著名社会学家陈达在《南洋华侨与闽南社会》中说：

据一般人的观察，凡在南洋成家立业的中国人，通常经过三个或四个阶段，即工人，行贩（或雇员），小摊主和大商家。光景很穷的人，在生活奋斗场中，当由工人开始，依次迁升。小有资本的人，可不经工人一级，直接由行贩起始，特别身体强健，勇于冒险，愿意入深山或远乡兜售商品者，经济状况较好者，如遇亲友开店，亦可入店为低级职员。稍有积蓄以后，他们便在街旁或巷里摆摊；用固定的场所，经售多样的货物。由此往上，可以入各种资本较大的商业，如制造、批发或零售等，以便在商业繁盛之区，做各种的经营。（陈达：《闽粤华侨与华南侨乡》）

很多海外潮汕人也是从小商贩慢慢做起的。泰国曼谷的三聘街是一条典型的商业街，它完全按照潮州城镇市街的模式建造。只有两三米宽的窄窄的街面，两旁都是小小的铺面，水果摊、中药店、餐馆、金铺、日杂百货、手工作坊……在2 000米长的小街上走着，随时可以听到潮州的乡音。经营这些摊位的也大多是潮汕人。

更早些，这种印象已经落实在潮汕人身上。徐珂在《清稗类抄》中有一则对海外潮州商人发家过程的叙述和评论：

潮人善经商，窭空之子，只身出洋，皮枕毡衾以外无长物。受雇数年，稍稍谋独立之业。再越数年，几无一不作海外巨商矣。尤不可及者，为商业冒险进行之精神。其赢而入，一遇眼光所达之点，辄悉投其资于中。万一失败，犹足自立；一旦胜利，倍蓰其赢，而商业上之挥斥乃益雄。（饶宗颐：《潮州志·丛谈志》）

这则文字很概括地讲出潮州商人如何从商店雇员做起，渐次发家。“无一不作海外巨商”虽然有点夸张，但多数潮汕移民能靠着敏锐的商业眼光，自立于商场，却是众目共睹的事实。这跟潮州的商业文化传统和自孩童期开始的商业素质的培养，不无关系。

（三）商业素质的培养

陈达讲过，闽粤人移民东南亚，所以能够经商致富，最重要的因素有四个：本能、训练、健康和环境。他特别强调前面三个，“有些人对于商业有天然的本能，再加以训练，再加以强健的身体，无论出于顺利或拂逆的环境之下，他们必能发展其事业”（陈达：《闽粤华侨与华南侨乡》）。这个论断当然也适用于潮汕人。

1．环境与天性

心理学告诉我们，遗传对一个人的性格有影响，但环境，特别是社会历史文化的影响，更是性格发展形成的一个决定性因素。

在上文我们讲过，潮汕的地理环境和历史过程，如何造成了潮汕地区的商业文化传统。我们也将看到，这种文化传统如何培养出潮汕人从事商业的天性。

陈达在《闽粤华侨与华南侨乡》中对樟林，即华侨社区（丙），作了很深入的研究。下面我们将利用这部名著里的材料作一点具体的说明。

商业对于整个樟林社区的生计，有很大的影响力。清代以来，人口的膨胀和财富的增加，促进了社区的消费增长，社区的商业中心也渐次形成。商业也就成为一部分居民的生计。据估计，如果连出洋华侨计算在内，整个樟林社区居民赖商业以为生的，约占总人口的十分之三。

这样一种环境对居民的经商的本能和兴趣产生了很大影响。陈达选取了若干曾经旅居海外的樟林人，就他们出洋之前和回乡之后的职业状况进行研究。

在接受出洋前职业调查的 1 084 人中，有店员 206 人、行贩 139 人、经商者 47 人、商店学徒 7 人，陈达把上述职业统称为商业，合计得 399 人，占被调查总人数三分之一强。这些人“天性近于经商的”，再加上教育的影响，对于商业有相当的兴趣与准备，到了南洋之后，很自然地就进了商业圈。而在家从事其他职业的人，有很多也会顺应南洋的环境在商界中服务。陈达同时对从南洋回乡者的职业做了调查。在 1 071 位被调查者中，有店主 108 人、店员 333 人、行贩 76 人，合计从事商业者 517 人，差不多占了被调查总人数的二分之一，跟出洋之前相比，从商人数明显增加。这个结果又反映出南洋重商的习惯（陈达：《闽粤华侨与华南侨乡》）。

总之，潮汕本土和南洋侨居地的环境，都造成了潮汕商业文化的传统，培育了潮汕人从商的天性。

2. 商业训练

在樟林，整个社区都弥漫商业的空气。民间的一般观念，无不以为生活的出路都在商业上面，认为“如要赚钱，如要赚大钱，就应该去做生意，往南洋去做买卖”。陈达讲述了樟林这样一个故事：

> 所以在黎明的当儿，大街小巷之内，三五成群的幼童，各自提着一个小筐，用着尖高的嗓子，用劲嚷着：“酱豆干！油条！油石果！”实际上，每人每晨，平均不过赚了铜元五六枚。原来母亲们的注意点不在五六枚铜元上面，她们注意的焦点是在商业的训练，希望她们的儿子们，从小就得到经商的习惯，使他们长成以后，对于经商有了适当的准备。（陈达：《闽粤华侨与华南侨乡》）

樟林人的这种商业训练，其实还不止于上述的买卖实习。在平日的儿童游戏里、娱乐之中同样灌注了浓厚的商业理念。黄光武介绍过一个樟林儿童游戏，游戏类似于流行甚广的“老鹰抓小鸡”，名曰“卖红柿”：

> 儿童若干人，一人扮卖柿者，上场即高声吆喝：“卖红柿呀！欲买哩来呀！”群儿一拥而上吃光红柿。接着就排成一行，准备抗债。卖柿者挨个要钱。队首说：“无钱。”卖柿者喝道：“猴头无钱找猴二。”猴二说：“无钱。”卖柿者喝道：“猴二无钱找猴三。”猴三说：“无钱。”卖柿者大光其火喝道：“无钱掠猴仔！”并冲向排在后面的猴仔。队首猴头即张开双臂挡住卖柿者，后面群猴两手搭前者之肩，排成一字长蛇阵，在猴头的掩护下，与卖柿者周旋。卖柿者要突破猴头的阻拦，反复向猴队冲击，捉拿猴仔抵债，来回捉与保。由于卖柿者一人，而猴群人多首尾不能相顾，冲击一久，队伍就会溃散，卖柿者

便可捉到猴仔。被捉的猴仔是下一回游戏中的卖柿者。（黄光武：《澄海樟林民俗》）

“卖红柿”游戏从形式上看，与“老鹰抓小鸡”大同小异。但从一开始就增加了很多商业化的因素：买卖中的赊账、赖账和讨账。游戏的过程被演绎成商业的过程。实际上，就像黄光武注意到的，因为游戏的形式总是与其内涵相关，儿童在游戏时尽情玩耍，但是商业的理念会潜移默化影响他们的成长，尽管这种影响可能是负面的。

3. 生活经验

在潮州，清代以后整个社会商业气氛越来越浓烈。过南洋，因受环境制约，大多数潮汕移民走入商界。侨乡和移居地生活经验的双重叠加，积累起潮汕人“小小生理会发家”的信念。

上面我们引用过乾隆时《普宁县志》的记载，说到冬季农闲时节，农民们都会做些小生意。那只是副业，赚几个零钱帮补家用。到了晚清以后，生活经验改变了潮汕人的观念，更多人愿意改业从商了。陈达引述过发生在汕头附近的一个故事：

父亲幼时在家乡种田。他是种租田的，在大熟年岁，除了租谷以外，自己还剩下些谷子；遇到荒年，有时候可能子粒无收。种田是辛苦的工作，报酬亦是微细，生活的维持是很艰难的。

姑丈在实叻开杂货店，因生意兴盛，有一次约父亲去帮忙。父亲往南洋后，各事顺利，不久即自己开店，并渐渐有了积蓄。父亲有时候开导我们：“种田赚死钱，经商赚活钱！如有亲友帮忙，或自己交到好运，靠生意来养家，比较希望大些。”

五年前父亲因年老返家乡，让我们兄弟两人，各经营粮食店一所，一在本村，一在汕头。现在家内人口增多，费用较大，但经济状况比种田的时候要好得多啦。（陈达：《闽粤华侨与华南侨乡》）

就这样，地理和社会历史环境，造就了潮汕的商业文化传统，也培养出潮汕人从事商业的天性，再加上教育训练和生活经验，从事商业活动自然而然成为许多潮汕人职业的首选。

移民海外的潮汕人，有不少人在侨居地做起小商贩。下面讲述的是一些具体事实，有群体的调查，也有个案的故事。

（四）海外移民中的小商贩

1．麻坡东甲潮州会馆的调查

马来西亚柔佛州南方学院的师生对当地潮汕移民做了实地调查，取得了丰硕成果，结集成为《潮人拓殖柔佛原始资料汇编》一书。书中有很多以小商贩为职业的故事。比如，在麻坡区东甲潮州会馆的访问，就这样记录：

我们根据各理事提供的资料整理出早期潮人在东甲进行的经济活动及后期的经济发展状况：

四十年代：

早期，Solok 街是东甲最热闹、最繁华的一条街，因为此街再往前走进去，就是种植蔬菜的 Solok 芭，是早期东甲的经济命脉。在 Solok 街有一间很出名的菜行，是由许奴仔先贤所开设的，名为“荣茂兴”。

在鱼菜巴刹（现在位于 Solok 街的 MARA）营业的小商贩有二十多档，当中大部分是潮人开的档子，只有一两档是属于海南人及福建人的。十四档中潮人便占了六档：

陈旭年（1827—1902 年），潮州海阳上莆都金砂乡（今潮安县彩塘镇）人。少年丧父，家境贫寒。当过卖油小贩。17 岁那年乘搭红头船，以劳力抵船租，来到新加坡。又在彭亨干过一阵，有点积蓄再回到新加坡，以贩布为业。因为他讲信用，许多本地人都愿意跟他交易。新加坡贵族德曼干一家，也是他的常客。他与德曼干家的阿武峇卡最投缘，两人结为兄弟。阿武峇卡的父亲要开拓柔佛州，推行“港主制”，陈旭年获得港主特权，最先经营的那片港，就叫“陈家港”。后来不断发展，成为拥有多片港的大港主。1855 年，柔佛新山开埠，陈旭年在纱玉河西岸开辟市场，后来这条街被命名为陈旭年街。1870 年前后，陈旭年被已经成为柔佛苏丹的阿武峇卡封为“华侨侨长”（MAJOR—CHINA），授给资政衔。陈旭年有财有势，声望极高，当年流行“陈天蔡地佘皇帝”的俗语，“陈天”就是指陈旭年。

同治九年到光绪九年（1870—1883年），陈旭年斥资26万银元在家乡金砂斜角头，兴建“资政第”大厝。图为大厝主体建筑“从熙公祠”。建筑的装饰工艺巧夺天工，祠堂门肚的4幅石雕特别为人称道。祠堂现为全国文物保护单位。（蔡海松摄）

自清代中期到晚清，在商人们巨大财富的支撑下，潮汕石雕发展出一种繁密而通透的工艺风格。从熙公祠檐下雀替的鳌鱼装饰就是一个精品。鳌鱼头部是圆雕，触须和背上的刺鳍却以弧线和曲线表现，交缠飘动，处理为多层通雕。整个作品，块面与线条对比，密实同虚空映衬，显出一种多样的和谐，十分成功。从熙公祠的石雕精品使人惊叹：顽钝坚硬的石头，在石雕艺人的刀凿之下，竟然变得那么柔顺又有灵气。这就是成熟了的潮汕石雕，具有自己地方特色的风格。它让人感受到的，不是自然的浑厚朴实，而是着实让人诧异于人工的精细奇巧。

从熙公祠门楼两条喷水柱前的倒吊花篮，雕工精细，剔透玲珑，层次繁复，也是镂空石雕工艺的代表作。

为夸耀乡里，富商们在建宅时不惜赀费，唯求豪华。石雕之外，从熙公祠梁架上精美的潮州木雕和漆画装饰也十分细腻繁复。梁头桁下，层层叠叠，堆满木雕漆画。（陈利江摄）

潮州商人们在房子装修阶段，引入了商业竞争机制，喜欢同时聘请两队工匠，让他们比试技艺的高低。在谈好的工价里提留部分作为奖金，奖给比赛的优胜者。激烈的竞争促动艺人们不断琢磨提高技艺，立志创作出前无古人的工艺品。于是，许多日常生活的图像出现在木雕装饰中。从熙公祠梁架上的花艇，就是对潮州东门外韩江景象的描绘。（陈利江摄）

①陈作松，菜贩，后代并没有继承他的事业。

②黄毓仁，菜贩，儿子黄大河便是他的继承人。

③许家骙，菜贩，他也没有事业继承人。

④许奴仔，菜贩，儿子许国华继承父业，现由孙子打理。

⑤黄潮权，菜贩，儿子黄斯浩继承他的事业。

⑥黄景乐，鱼贩，儿子黄贻华继承他的事业。

五十年代：

一九五四至一九五五年，东甲人口增多，于是经营杂货店的商人占了很大的市场优势，那时东甲的杂货店大概有六间，其中潮人经营的就占了四间，都是位于 Solok 街。其余两间杂货店是“广发”和“春源”，“广发”是广府人的店，而“春源”则是永春人开的。那四间潮人杂货店的店主都是“潮州公会”的发起人，同时这几位乡贤也是“惠潮公会”的重要干部。兹列如下：

①朱镇江的杂货店店名是“合成”，但后来关闭，另开了“春成”。

②吴令勤的店名是“仁记”。

③黄利成的店名是“福源”。

④吴明灶的店名是“怡隆”（吴明灶之子吴清是“潮州会馆”的发起人之一）。在当时，“怡隆”是规模最大的杂货店，它有两间店

面，一间是售卖杂货及代收汇兑的，另一间是饼店，但如今只剩下“怡隆饼家”。余三者已不存在了。

后来，在 Jalan Payamas 多开了一间名为“南昌”的杂货店，店主是方焕章。另外，李钧鍫在 Jalan SoIok 开了间家具店，叫做“适中”，它是当时东甲唯一的一间家具店。如今由他的孙子继承他的家具店（李钧鍫是“潮州会馆”得以成立的大功臣，全赖他“潮州会馆”才能从“惠潮公会”分家出来）。

除了杂货店，Jalan SoIok 还有一间茶餐店，那便是陈永禧之父陈德兴经营的“天奇园”。杨秀顺在 JaIan Muar 也开了一间杂货店，店名叫“顺茂”。此外，Jalan Muar 也有一间名叫“森记”的杂货店，店主是温子森。当时的商业活动都集中在 Jalan SoIoko，当时杂货店的货源大多来自麻坡及马六甲，新加坡的较少。

后期（六七十年代）：

①陈镜河经营卖菜业。

②黄广标是鱼贩。

③郭贻草是菜贩。

④黄金云是菜贩。

他们到目前还在经营着同样的行业。[①]

2．新山有家“怡泰隆”

东甲的潮州移民，在当地大都从“小小生意”做起：先做菜贩、鱼贩，等经济好点了，就经营杂货店、饼店、茶餐店、家具店。做着小本生意的潮汕人，也有慢慢发家的。大约在 19 世纪末或 20 世纪初，潮安人黄泰有南来新山，在纱玉街的老巴刹（马来语，市场）内卖菜。他的同乡洪松宽也来到新山，给人家帮工，收入很少。两个人相识后，谈得来，就合伙在市场里做个小生意。做到有起色了，就开了间商店，叫“怡泰隆”，经营粮食、杂货，并代理香烟、啤酒、牛奶等专利产品。生意愈做愈大，最后在新山拥有四十多间店铺。（《叶迎章口述新山历史》和《新山洪俊达、黄逢荣口述历史》，《潮人拓殖柔佛原始资料汇编》“新山区”）

---

① “访东甲潮州会馆张文荣、陈永禧、杨炳利、简才福、张城荣等口述历史”，见《潮人拓殖柔佛原始资料汇编》“麻坡区”。

3. 黄宗姚的故事[①]

黄宗姚是印尼苏门答腊一位普通的潮州华侨。

苏门答腊岛是东印度群岛最西面的一个大岛。12世纪以后，伊斯兰文化已经成为当地的主流文化。（刘继宣、束世澂：《中华民族拓殖南洋史》）

永乐初年（1403年），苏门答腊岛上的古国三佛齐为爪哇所破，废为旧港。泛海移居该地的闽粤军民数千家共推广州南海人梁道明为领袖，占据一方。（张廷玉：《明史》卷三二四；《续文献通考》卷二三八）《明史》又记载：

> 万历五年，商人诣旧港者，见琏列肆为蕃舶长，漳泉人多附之，犹中国市舶官云。（《明史》卷三二四）

张琏是潮州饶平人，嘉靖三十九年（1560年）在潮州凤凰山区聚众造反，自称“飞龙人主”，纵横粤闽赣三省，直到嘉靖四十一年（1562年），朝廷调动三省军队20万人合剿，才把造反者镇压了。在当时许多文献，甚至在《明史》的另外一些篇章，都明确记载张琏最后被俘虏斩杀，跟上面引述那条记载不同。（饶宗颐：《选堂集林（史林）》“论《明史外国传》记张琏逃往三佛齐之讹”）不管张琏的结局如何，在那场造反被镇压以后，张琏的众多部属中，有一部分逃离中国，泛海过南洋，也在情理之中。潮州移民最晚在这个时候已经来到苏门答腊。

这时，欧洲人开始南来。荷兰人首先来到苏门答腊岛，万历四十年（1612年），荷兰东印度公司在巨港建立了贸易站。康熙二十四年（1685年）英国人也在萌菇莲（Benkulen）建立商站。荷英殖民主义者在苏门答腊岛开始长时间的竞争。到光绪二十九年（1903年），亚齐战争结束，苏门答腊岛全部沦为荷兰殖民地。在这段时间里，华人移民人数不断增加。

黄宗姚在苏门答腊岛的生活故事，就开始于荷兰殖民地时期。

---

① 黄宗姚是化名。这个故事的依据是我们在田野调查中获得的一份油印本文献《拟生日讲话》。在原文献中，作者使用的是真名实姓。为了保护作者的隐私权，这里的叙述采用人类学家的习惯做法，隐去作者的真实姓名和故乡的地名。

黄宗姚出生于清光绪三十三年（1907 年）农历十一月二十六日六时。出生地是他的故乡中国广东省潮州府某县西乡新村。

5 岁时，黄宗姚的父亲病逝。他的母亲苦守抚养一对孤儿——宗姚和他 3 岁的妹妹。9 岁那年，母亲把黄宗姚送到学堂读书。那时候学堂收费低，“先生金每年米 1 斗（10 斤），铜钱 400 个”，黄宗姚因此得以读完小学。

这时，黄宗姚已经 15 岁了，便辍学工作，在糖饼店做工换食。两年后，17 岁的宗姚拜别慈母，远离家乡，到暹罗谋生。但是这一趟过番的经历并不顺利，漂泊三载，苦不堪言，所得微薄，只得束装归国。1927 年，黄宗姚跟着妹夫一家来到苏门答腊。一开始，在人家的杂货店里打工。收入除了寄回家之外，慢慢积存了 200 荷兰盾，就用做本钱，开起自己的小杂货店。这一次，他的运气很好，先后在东那拉惹、苏罗毛拉惹、丁裕安和浮罗拉惹几个地方开设杂货店，收入都不错。有了钱，家批常寄，唐山家中衣食无忧。黄宗姚回乡娶妻，以侍奉老母。自己则往返两地之间，两三年便回国一次。前妻为她生了一个女儿。1936 年，他在浮罗拉惹又娶了一房妻室，养了 8 个子女，生活依然过得很滋润。

1959 年，印度尼西亚颁布第十号总统法令，规定华侨只能在县城而不得在县以下农村地区经商，并由农村人民合作社代替华侨零售商。黄宗姚的几家商店都是村镇的零售店。外籍零售商受禁，对于他来说，真“好似晴天霹雳，谋生绝路”。由于当时中国正遭遇经济困难，黄宗姚不敢贸然回国。挨到 1962 年，为了生活，他决定让次女加入印尼籍，并由她申请营业执照。这样，女儿成为资方，他则是受雇劳工。商店仍然由他经营管理。后来，黄宗姚服从印度尼西亚政府法令规定，全家人都入了印尼籍，每个人都有了自己的印尼名字。于是，生意顺利做下去，成果甚好。

从黄宗姚的生活故事，我们可以真实感受到潮汕海外移民中的小商贩的生活历程。

六、潮州会馆：潮州商帮的门面

（一）地缘、商帮与会馆

在《新加坡潮州八邑会馆金禧纪念刊》上，粘天生对“会馆”下了这样的定义：

> 同省或同府或同县之人，旅居异地，集合团体，建设馆舍，岁时集会。其宗旨为联络乡谊，及救济同乡人在旅居地之贫病死亡者，或失业不能自存者周恤之。其经费概由同乡人捐助。除集会、居住之馆舍外，有的兼设置公共坟墓、殡房以待有丧者；亦有举办施医、施药等慈善事业。各大都会、大商埠均有之。（粘天生：《会馆释义》）

这个定义比较接近当代海外华人会馆的实际情况。就会馆的功能而言，可能与清代会馆有一定差别；不过就性质而言，却同前代颇为一致：地缘性和商业性是每一座会馆成立的基础。

1．会馆的地缘性

会馆的地缘性，是指会馆成员之间的凝聚力来自地缘关系，即籍贯的同一和乡土的认同。

会馆的这种地缘性质，古人早有认识。清代上海的《新建豫章会馆碑志》就说：

> 昔闻诸父老曰，间尝走通都，过大邑，见夫士商云集，或游宦，或服贾，群然杂处其地者，罔不设立会馆，为同乡汇叙之所。各直省尽然，尤其盛于北之幽燕、南之吴越。（上海博物馆图书资料室：《上海碑刻资料选辑》）

近代来华的外国人也有所认识。《海关十年报告》第一期（1882—1891年）汕头关的报告里就这样说：

> 这些会馆看来是人们地方主义观念的具体表现。因为不仅商人为贸易而结社，而且劳动阶层，不论从事何种职业，都以最简单的借口结为一帮，其目的或是要求增加工资，或是排挤外来者。（彭泽益：《中国工商行会史料集》下册）

古代的会馆，基本上是同籍的士绅和富商，为了聚会畅叙乡谊而建立。到了近代，则已经打破了阶级、阶层的界限，完全以地缘为纽带，同籍结帮，因此也常被指责为“地方主义”。

何炳棣指出，地缘的观念，无论如何根深蒂固，迟早会被经济利益代替，其结果是会馆的衰落和超地缘的业缘组织“商会”的出现。（何炳棣：《中国会馆史论》）可实际上，一个社会的运作，需要多种功能不同的社会组织的协力支持。商会作为一种业缘组织，它在功能上并不能够替代会馆。不但商会出现之后，同乡会馆没有销声匿迹——这种情况的例证在海外可以随手拈来——相反，每个商会的名称，常常会用地域做标志，以示区别，比如从中华总商会到各省商会，以至香港潮州商会、北京潮人商会等。

商会出现以后，会馆的经济功能让渡给了商会。功能的转向，使会馆关注的重心转向同乡利益的保障，于是就出现了粘天生所概括的以慈善事业为主的种种行为。

同时，无论何种性质的同乡会馆，又总会和商人有些关系。

2. 商帮与会馆

商人是会馆的主角

会馆从组织构成上去区别，可以分若干类型，比如何炳棣举出的试馆、工商会馆和移民会馆，三者各以官宦士子、商人和移民为主体成员。若从分布地域的广泛、延续时间的长久讲，工商性质的会馆在数量上远远超过其他两个类型。原因就在于商人的人数和活动范围，是官宦士子和移民所不可比拟的。

初时在京都、省城出现的会馆是由官宦和士子组织的。不过就如同何先生的《中国会馆史论》指出那样，“京师郡邑会馆最初是同乡仕宦公余聚会之所，逐渐才变成试馆，但始终不免同乡商人参加的痕迹”。在明清社会发达的商业经济环境里，商人很快就成了会馆组织的主角。

就像《新建豫章会馆碑志》所讲，都市里的同乡会馆是“士商云集，或游宦，或服贾，群然杂处”。虽然商业经济的发展提高了商人在会馆组织中的地位，但是官员士绅对会馆建设的影响仍然不小。官员士绅的加入，不但增强了会馆的外交能力，使商人们碰到的各种纠纷可以更加容易得到解决，同时也提高了会馆的文化品位，让会馆成为冠缨会聚的文明之区。

移民会馆建立的主要动力，是移民中的乡土籍贯观念。乡土守卫神于是成为移民之间团结的象征，会馆以神庙的形象出现。而在移民会馆的建设中，商人仍然是最重要的力量。在创业的艰苦环境里，商人的财富积累比起从事其他行业来要快得多。因此，商人们也有能力为会馆的建设提供更有力的经济支持。

商帮如何形成

商业活动的实质是互通有无。列市居肆，此买彼卖。同一地方的交易，是一种类型，古人称之为“坐贾”。坐贾大多是本地的土著商人，也有外来的客商。商业活动还有另外一种类型，古人称之为“行（xíng）商”，又叫做“贸迁”，是异地之间的贸易，货通天下。

真正对经济发展和社会变迁起大作用的，是后一类商业活动。

行商从市场的角度去看，一开始是外来的客商，忽来忽往，只作短暂停留；接着逐渐打进本地市场，列市贸易，长期定居。客商也就变成了坐贾。这类客商与土著商人仍然有很大区别。情感上对故乡认同，保留家乡的方言习俗；法制上对家乡认同，保留原来的籍贯；就连在市场上持筹贸易的商品，也大都是故乡一方水土所出的土特产。于是，地缘的纽带自然而然地把来自同一个地方的客商们联系在一起，形成有某些特定的经营范围、经营网络和经营风格的地域性的商帮。

商帮是一种十分松散的社会群体。（唐力行：《商人与中国近代社会》）一个商帮地缘范围可以大至数省，比如“西商”，就由山西和陕西两省商人构成；也可以小至数乡，比如洞庭帮商人的籍贯，在吴县太湖中间东、西洞庭两山。清代的建制，只有三个乡。一个商帮内部，也可以依据地缘关系再行划分，比如清代上海的潮州帮，后来又分成海澄饶帮、潮惠帮和揭普丰帮。

在一个商业都市之中，本土商人和来自各地的不同商帮进行激烈的商战。要在商战中取胜，需要各种条件，而群体的团结是最重要的。在商战过程中，商帮的先进者会尽力提携、扶翼同乡的后来者；而后进的商人也会依附于已经立稳脚跟的同乡前辈，共同维护同乡利益，努力在商界或特定行业中确立本帮势力，以应对迅速发展的商品经济与激烈的商业竞争。

商帮的界划也由此愈加分明。

会馆成为商帮门面

这些松散的商人群体，需要一个稳固的组织来维系。原来由官员们组织，也有商人参与其中的同乡会馆，就成了可以仿效的形式。商人会馆就这样建立起来。商人会馆与隋唐以后的商业行会制度有密切关系，比如会馆功能在金钱的借贷、捐税的代纳、度量衡的规定、纠纷的仲裁、祀神赛会等方面，都可以说是由行会学来的。会馆的功能比行会多，特别是在慈善福利建设方面，疾病的救济、棺柩的停置、义山的管理都是行会所不具备的。

会馆的建立，标志着商帮在商业都市的地位稳固。它是商帮的门面，同时也成为商帮展示本帮力量和地方文化成就的窗口。

这一点，我们在下文的许多案例里都可以感受到。

（二）潮州商帮与潮州会馆

1. 潮州土产和潮州商帮的经营

潮州帮

我们说过，一个地方商帮的特征，与它的经营范围、经营网络和经营风格很有关系。西商、徽商由承办官盐起家，粤商以经营洋货起家，龙游帮以丝绸、书籍、珠宝起家……潮州帮的特点在于人数多而资本小，基本由中小商人组成，大都经营粮米、糖豆、土产杂货，投资风险比较小而利润颇高。

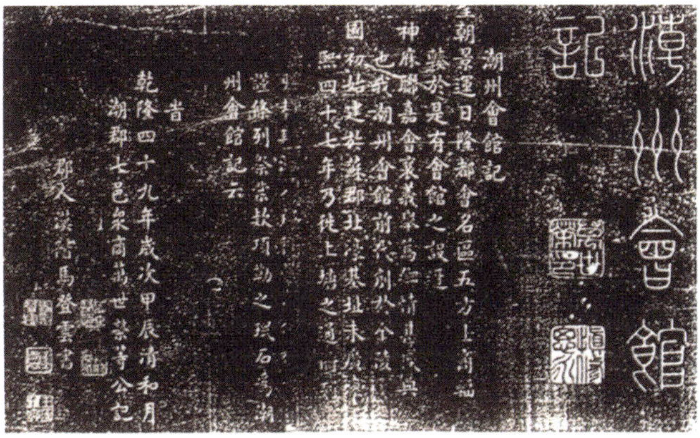

会馆的建立，标志着商帮在商业都市的地位稳固。苏州的潮州会馆在清初就建立起来，是当时潮州商人云集苏松的必然结果。乾隆四十九年刊刻的《潮州会馆记》为我们叙述了会馆建设的历史。

清代潮州商帮的经营，继承着明代航海贸易的传统，大抵可以分南北两路。北到厦门、福州、宁波、上海、苏州、嘉兴、芜湖、武汉、南京、烟台、天津、大连、营口，南到广州、香港、雷州、海南以及东南亚各地。销往北方的货品，以蔗糖为主，还有烟叶、烟丝、棉布、夏布等一类土产。（李书吉：《澄海县志》卷六）从北方贩回来的，有大米、大豆、豆饼和其他北方杂货。销往东南亚的货品，主要是南北杂货、咸菜、鲜果，回头货基本都是大米。

澄海商人之外，海阳、潮阳、揭阳……几乎潮州各县的商人们，都从事着同一类经营活动。大家既是同乡，又是同行，互相提携接济，结成一帮，人称“潮州帮”。

近代潮州帮的经营由于受中国社会经济转型的影响，也发生了变化。潮州本地生产的土糖业，受洋糖进口的冲击，很快衰落，潮糖北销也跟着减少。原先的糖商，除了继续运销潮糖之外，也贩运本地的其他手工业和农业产品，比如陶瓷、刺绣、土布、土纸、柑橘、茶叶、杂咸、鱼脯等，变成了潮糖杂货行。对东南亚出口，则继续着潮糖杂货的经营传统。米粮仍然是东南亚潮商经营的大宗产品，香港和汕头是东南亚米粮最大的转口地。一些新兴的行业，比如抽纱业在上海、青岛、烟台、香港等地渐成规模。在东南亚移民寄回家乡数目巨大的批款刺激下，在汕头本地和上海、香港，潮州商人涉足金融业，并在这个行业里成为有实力的帮派。1935 年，潮州旅沪同乡会会长郑正秋回顾说：“记得在潮帮极盛时代，凡上海的银钱业中，我潮州人已经不输宁绍帮，几乎操有金融界一半势力。”[①] 这是宏观情景。近代以来潮州商帮经营的具体情况可以参考上海和汕头的材料。

近代上海潮州商帮的经营

根据郭绪印的《老上海的同乡团体》一书介绍。近代以来，上海潮州帮主要经营的行业有潮糖杂货业、抽纱业和典押业[②]。

潮糖杂货业跟进出口有千丝万缕的瓜葛，很多潮糖杂货行同时经营进出口。全上海由潮汕商人经营的潮糖杂货行究竟有多少家？具体数字谁也说不准。20 世纪 30 年代上海潮糖杂货业同业公会登记会员有 47 家。这些商号，应该是规模或影响比较大的。《老上海的同乡团体》估计，上海潮糖杂货业执业的商号，应该不下数百家。

典押业属于典当业，上海早年典业规模大者称“当”，规模小者称“押”，后来这一界限不太严格，规模小者也大都自称“典当”。上海的典当行大都为潮州人所开。1932 年出版的《上海风土杂记》说，上海典押业中“十之八九为潮州帮，余则徽州帮、扬州帮”[③]。这大概是凭着印象说的。不过，从档案资料提供的数字推算，潮州人开设的典押店，所占的比例也相当大。抗日战争前，《上海特别市押店业同业公会会员名册》中，共登记了 81 家，潮州人所开的有 42 家，占 51.85%。

抽纱是刺绣的一种，可作为多种纺织生活用品或装饰品。从清末到新中国成立初期，上海的抽纱业大部分由潮州商帮经营。

潮州商帮经营的抽纱零售商店，同时兼营多种小商品。这些小商品中纺织品占大部分，其他是各种手工制品、工艺品，如餐套、食巾、睡衣套、围巾、各种绣花制品、织锦椅垫、台布、窗帘、丝绸花内衣、各种尺寸的描金描银花瓶、烟盒、烟碟、各式象牙雕刻、牛角雕刻半身佛像、景泰蓝花瓶、玉石雕刻工艺品、红木雕刻工艺品、陶瓷工艺品等。由于这些商品大都是我国传统的手工工艺品，颇有民族风味和艺术特色，很受外国人欢迎，因而在各个历史阶段中，到上海的外国人成为潮州商帮经销抽纱零售店的主要销售对象。

---

① 郑正秋：发刊辞．潮州旅沪同乡会年刊（创刊号），1935

② 这一小节内容依据郭绪印《老上海的同乡团体》第二章第一节。

③ 上海信托股份有限公司编辑部．上海风土杂记．上海：上海信托股份有限公司编辑部，1932

近代汕头潮州商帮的经营

近代汕头潮州商帮在汕头经营的商业行当，最重要的有侨批业、航运业、抽纱业和出口业。

饶宗颐先生主纂的《潮州志》说，潮汕的经济发展和人民生活，实在对东南亚华侨有很深的依赖，经营华侨信款汇寄的侨批业应该是商业的重要行当。因为这一行业的经营，历来获利甚微，大多由其他行业特别是汇兑、收找业兼营。直到第二次世界大战后，才组织公会，成为汕头商会的重要会员。根据1946年的调查，潮州商帮在潮汕本地经营侨批业的商号有131家，其中汕头市区的批局就有73家。在香港及东南亚各地经营侨批业的潮帮商号共有451家，其中以曼谷最多，有117家。

航运业开始于帆船时代。运销营业以船为主体。口岸也有商号，俗称“船头行”或“船子行”，负责接待商船，代售代购进出口货物，收取佣金，与船运贸易的得失不相关。自帆船被轮船代替，航运业经营有很大改观。经营者分为两部分：船商和营运商。船商只收取运费，营运商自负货物运销的盈亏。这类营运商又被称为“轮船行”。轮船行的经营必须储备雄厚资本，而获利也很丰厚。

潮汕本地的抽纱业经营内容，主要是设计图案、准备原料，发放到城乡各处工人手中去制作，然后经过整理，囤积起来，等待外商前来采购。由于抽纱的成本低廉，商人获利之外，工人可以得到较高的工值。这个行业对潮汕农村经济和生活水平的提高，有很大的裨益。

出口商的业务，主要是对东南亚的出口。经营的货品主要是南北杂货、咸菜和水果。根据经营范围和货品特点，又分别为南商、暹商、酱园、果业四大公所。对此，《潮州志》有很详细的描述：

南商

或称南郊，为出口各部之领袖。营业最大最广，出口地域遍及越南、马来亚群岛、南洋荷属各岛屿及香港。出口货品计食品有杂粮、干果、干菜、鱼脯、烟酒等类，用品有布、线、纸、铁、竹器及一切玩具手工业品等。简言之，凡潮人日常生活所需，皆以配运出口销售。在民国二十二年间，汕头共有南郊商号五十四家，在当时多者每号年有百余万元之营业，少者类亦三十万元以上，据老于此业之平均估计，

每号一年约有六十万元，全业合计每年在三千万元之间，输出货品中以菜脯、柿饼、蒜头、后宅柔鱼、澄海土布、网线、土纸等为大宗，此外温州之花席、纸伞、台湾之桂圆、鱼脯，亦属多数。而在民国十七年以前，凡北部各省产品，如豆、酒、冬粉、干果等，皆由汕头转运出口，故南商营业益见蓬勃。厥后因关税关系，北货皆改由香港转口，汕头商号惟赖物价逐年步高以弥缝，其营业额之减少，实际业务较前为逊。

南商同业于清光绪间即组织有南商公所，民国二十年间改组为南商同业公会，中日战争中全业停顿，复员后改名称为汕头市南商运输业同业公会，（民国）三十五年会员商号共有九十九家。

暹商

暹商又称暹郊，因贸易地域固定暹罗一地，故名。运出货品与南商大致相同，其始本合于南商范围之内。清末间，暹罗华侨拟发展本国航运，以免受外商操纵，组织有华暹公司，购置轮船四艘，川行汕头与曼谷间，商请汕头南商商号将运暹货物，一律配载于华暹公司轮船。于是南商中一部配运商号，遂脱出成立暹商公所。华暹公司虽未久即歇业，但暹商公所自尔独立。暹商出口货品以粗货低价者居多，营业额较南商减少。民国二十二年间平均每号每年营业约四十万元，其时商号五十四家，总共每年对暹罗运销量当在二千万元左右。

暹商公所民国二十年间，依工商同业公会法改组为同业公会。复员后再改为暹商运输业同业公会。所有会员商号，（民国）三十五年为八十三家。

酱园

酱园又称杂咸及菜廊，系以潮州所产一切盐制果菜运销南洋各地，因其货品皆须用盐，有关系盐饷交涉，不便与通常货品出口之商号联合组织，最初即自成立南郊公司，以办理出口盐饷，嗣改南郊公所，以示与南商各别……酱园出口业在民国二十二年间，计有商号三十七家。按杂咸货品虽多贱价，但因不限时期，长年皆可配运，积少成多，平均每号一年营业数字有二十万元至三十万元之度，全业一年总额可有一千万元。酱园出口业务，在复员后因外洋久乏土货，更因外汇价高，于未施行结汇办法前，颇形发达。（民国）三十五年共有营业商号二十九家。

果业

果类出口向由汕头生果业商人兼营。以冬天之柑为最大宗，夏天荔枝次之，其他果类数量无多。营业期间虽短，然多者每号年亦有十余万元之营业［原注：（民国）二十年以后至抗战发生前］。（民国）二十二年间有果业出口商号十三家。战前组织有和益公所，与南商、暹商、酱园等共成四公所。复员后船只减少，而战时潮州柑、荔枝等果木荒伐殆尽，产品较战前十无一二，营业一落千丈，不克自立公所，遂分别加入南商、暹商组织中以苟存。（饶宗颐：《潮州志·实业·商业》）

根据1934年的统计，汕头市从事南商业商号98家，从事暹商业商号48家。（谢雪影：《汕头指南》）

2. 潮州商帮与潮州会馆的建立

清代开始，潮商崛起。在留下潮商足迹的很多城市，都有潮州商帮兴建的会馆。下面介绍较为有名的几处。

苏州的潮州会馆

最先建造起来的潮州会馆在江南名城苏州城里。《潮州会馆记》说：

我潮州会馆，前代创于金陵，国初始建于苏郡北濠，基址未广。康熙四十七年，乃徙上塘之通衢。

乾隆四十七年，潮州会馆搬到苏州上塘街。苏州画家徐扬在乾隆二十四年（1759年）创作的画卷《盛世滋生图》，精细描绘了上塘街商贾鳞集，百货骈阗的繁华景象。

苏州的潮州会馆现在被作为城市历史的见证被保护起来，灰色砖条砌成的门面，呈现了岁月的沧桑。

明代南京的潮州会馆，大概在明清易代之际湮没。不过，可以猜得到，那所会馆一定是潮州籍的京官们公余聚会的“俱乐部”。因为在明朝从事海上贸易是非法的，潮州海商一边忙着生计，一边还要应付政府的追捕剿杀，绝没有余力去建会馆。清代一开始，借助官方势力，并随着海上贸易的合法化，潮州海商终于能够大展拳脚。苏州是江南的经济中心，它的富庶和文明，对从海道而来的潮州商帮有着非常大的吸引力。“办事处”性质的会馆很快建立，即使场地小点也无所谓。数十年后，潮州帮重新建了一座会馆。北濠毕竟僻远了点，会馆的基址也太狭窄，跟潮州帮的脸面不相称了。上塘是当时苏州的商业中心，“关于上塘一带商贾鳞集，百货骈阗的繁华景象，苏州画家徐扬在乾隆二十四年（1759 年）创作的画卷《盛世滋生图》，有非常精致的描绘”（蔡鸿生：《清代苏州的潮州商人》）。潮州会馆搬到这里，建得非常气派，《潮州会馆记》里有形象的描写。会馆别致的戏台现在比较好地保留着。新会馆的兴建，让我们觉察到在短短的时间内，潮州商人已经暴富起来。新会馆除了“办事处”之外，又有了“俱乐部”的功能，这时候，官宦士子们又参与到会馆的活动中。会馆碑记的《后序》就说：“吾郡士商往来吴下、懋迁交易者，群萃而憩游燕息其中。”更具体的例子是，为新会馆书写碑记的马登云“马老先生”，据说就是在参加过进士考试之后，受聘成为会馆董事，协助商人们整顿会馆财产，恢复规章制度的。

苏州的潮州会馆的戏台修葺一新。会馆每逢年节都要祭拜酬神，同时举行宴会，答谢各地商客。这时，会聘请戏班登台演出，人神同乐。

天津的潮州会馆

天津和苏州一样，是清代潮州商人最先进入的市场。天津商会的历史档案里有这样一段回忆：

> 天津城北针市街旧有闽粤会馆，系闽粤两省旅津商人集资公建。溯当前清初季，海禁大开，闽粤两省商人来津贸易者日众，其时均乘红头船，遵海北来，春至冬返……嗣因客货抵津，寄顿无所，加以海船惯习，入口出口均须虔祀天后，报答神庥。

闽粤会馆虽然名取两省，但实际上却是漳州和潮州二属的商人所建。针市街在天津城北运河码头边上，潮州的红头船北上津门，从海口溯运河麇集城下，就码头装卸货物。针市街上，多闽潮商人货栈。建立会馆，会聚议事，也甚得其宜。海商有虔祀妈祖的习俗，会馆里于是有了妈祖庙。妈祖从此传入天津，演化出天津皇会，对本地民俗产生了巨大影响，这也是下文要讲的。闽粤会馆兴建的具体时间已经没法考证了。不过到乾嘉以后，粤帮商人来到天津，也依托在这所会馆里。闽粤会馆这才名实相符。

粤商和潮商后来有了些口角，潮州商人就在闽粤会馆左旁，挂上“潮州会馆”的牌子，接着又建了大门。这已经是光绪年间的事了。光绪十年（1884 年）出版的《津门杂记》说：

岭南栈、潮帮公所，均在针市街。

岭南栈是粤商会馆，也独立出来了。针市街实在太过传统，已经不能令新派粤商满意。光绪三十三年（1907 年），有钱有势的新粤商在鼓楼南大街另外建起了规制壮丽的“广东会馆”。到这时候，粤商和潮商在组织上完全分开，潮州商帮在天津才有了属于自己的独立的会馆。

上海的潮州会馆

上海潮州会馆的建立，比苏州和天津稍慢。嘉庆十六年（1811 年）所立的《潮州会馆祭业勒契碑》里面说到：

乾隆二十四年，契买郑国梁市房一所，坐址上海县二十五保七图、小东门外姚家弄口。坐东朝西，计□□印契二纸。即初创会馆遗址，继改为信隆行，现为光记栈。

姚家弄口的这一家初创会馆，不免狭小简陋，却也是潮州商人要在上海建立势力愿望的表达。此后上海经济地位不断上升，潮商在上海贸易日益扩大。有了经济实力的潮商，看准上海地位上升的势头，不断购买地产，扩建会馆。《黄道台给潮州会馆示》碑文说：

上海为滨海通衢，广东潮州，航海通商，帆樯络绎，即仕官进京，道多经此。乾隆四十八年，潮属海、澄、饶三邑绅商，捐资契买洋行街地基公造会馆一所，供奉天后圣母。并于照壁后相连架造公栈两间，为各绅商登岸驻足之所。[①]

乾隆四十八年（1783 年）海阳、澄海、饶平三县绅商捐资公建的会馆，供奉天后，用共同祭祀来联络乡谊，还架造了两间可供同乡绅商留宿的公共旅舍。潮州府其他各县，潮阳、惠来、揭阳、普宁、丰顺的商人，陆续加入潮州会馆组织中来，在旧会馆周围又购置了大片地产。潮州商帮在洋行街一带，势力颇大。嘉庆十五年（1810 年），以上八县商人，用会馆经费管理中最常见的抽厘方式，筹集资金，在旧

① 上面两则资料转引自郭绪印《老上海的同乡团体》第二章第二节。

会馆的基础上扩建成“潮州八邑会馆”。《创建潮惠会馆碑记》：

吾郡迟四千里。其航海而懋迁于是者，我潮阳及海阳、澄海、饶平、揭阳、普宁、丰顺，惠来凡八邑。溯始来至今日，百有余年矣。朋簪既盛，物力滋丰。嘉庆年间，于洋行街捐厘公建潮州八邑会馆，奉天妃祀焉。以迓神庥，以敦梓好。（上海博物馆图书资料室：《上海碑刻资料选辑》）

道光朝，后来加入潮州会馆的五个县，又分两帮另建本帮会馆。道光元年（1821 年），揭阳、普宁、丰顺三县商人，在盐码头另立“揭普丰会馆”，道光十九年（1839 年），潮阳、惠来两县商人，也在上海县城振武台城壕的北边，建了“潮惠会馆”。海澄饶帮的商人未曾新建会馆，因为潮州八邑会馆本来就是在这一帮会馆的基础上扩建的，他们可以继续使用潮州会馆的馆址，只在潮州会馆的边门挂上“海澄饶会馆”的牌匾就够了。有人认为，帮派会馆的分立，是因为三帮发生矛盾。有没有证据呢？其实我们看到，三帮会馆分立后，潮州会馆依然存在，依然是潮汕各县旅沪商人议事、办事的机构，依然代表着整个潮州商帮的利益，承担着同乡互助事业的施行和团体内外事务的处理的任务，一直延续到新中国成立以后都是这样。因此，上海潮州会馆的继续运作和三帮会馆的分别另立，不妨看作潮州商帮在上海的势力不断扩大，要处理的事务日渐纷繁的必然结果。

以上三个例子证明，在清代以后的商业都市里，潮州会馆的建立，虽然仍然还有官宦士绅阶层的参与，但是商人一直是会馆的主要成员。

其他各省及广东各地的潮州会馆一览

其他省份和广东本省其他府县的潮州会馆，由于材料偏少，不作详述，仅以表格列示如下：

各省潮州会馆一览表

会馆名称	所在地	兴建时间	资料来源
韩江别墅	湖北汉口牛路口中路	不详	民国《夏口县志》卷五
潮嘉会馆	湖北汉口多宝林路	不详	同上

（续上表）

会馆名称	所在地	兴建时间	资料来源
潮州会馆	安徽芜湖江口驿前铺	光绪十二年（1886 年）	民国《芜湖县志》卷十三
潮州会馆	福建长汀县城郭家巷 2 号	不详	张洪祥：《长汀城关传统社会研究》
潮州会馆	福建长汀县城五通巷 31 号	不详	同上
潮汕会馆	台湾台南立人街 32 号	雍正七年（1729 年）	周宗贤：《清代台湾民间的地缘组织》
汕头会馆	山东芝罘（今烟台市属）	同治九年（1870 年）	《海关十年报告 1882—1891》
潮州会馆	海南海口	乾隆二十一年（1756 年）	小叶田淳：《海南岛史》
潮州会馆	海南万州（今海南万宁市万城镇）	乾隆	道光《万州志》卷七
潮州会馆	江苏南京	明末（清代徙苏州）	乾隆苏州《潮州会馆记》

广东各县潮州会馆一览表

会馆名称	所在地	兴建时间	资料来源
潮州会馆	广州长堤大马路 348 号	同治十三年（1874 年）	《广州文物志》
潮蓝行会馆	南海县佛山镇	不详	道光《佛山忠义乡志》卷五
潮州会馆	高州吴川县芷寮镇	清代	《湛江市文史资料》第十四辑
潮州会馆	湛江雷州赤坎福建街 30 号	乾隆中期	《湛江市文物志稿》
潮州会馆	徐闻县成民主路 120 号	清代	《徐闻县文物志》
潮州会馆	徐闻县海安港	清代	《徐闻县文物志》
潮州会馆	徐闻县曲界墟	清代	《徐闻县文物志》
潮州会馆	徐闻县迈陈墟	清代	《徐闻县地名志》
潮郡会馆	惠州海丰县城	光绪初	《海丰县文物志》
潮州会馆	龙川县老隆镇	清代	新修《龙川县志》
两海会馆	嘉应州兴宁县城河背街	嘉庆十一年（1806 年）	《兴宁县文物志》
漳潮会馆	汕头	咸丰四年(1854 年)	新修《汕头市志》第三册
万年丰会馆	汕头	同治六年(1867 年)	《海关十年报告 1882—1891》

北京潮州会馆的特殊情况

北京潮州会馆的情况跟上边那些商业城市的潮州会馆很不同。按照《王灿炽史志论文集》中所附“北京广东会馆地址新旧地名对照表”，北京共有潮州会馆五处：

北京广东会馆地址新旧地名对照表（王灿炽：《王灿炽史志论文集》）

会馆名称	原址旧街巷名称	新街巷名称	起止段落
潮州会馆	宣武门外丞相胡同	宣武区菜市口胡同	北起骡马市大街，南止南横西街
潮州会馆	延寿寺街路东	宣武区延寿街	北起大耳胡同，南止琉璃厂东街
潮州会馆	海柏寺街中间路北	宣武区海柏胡同	东起香炉营东巷，西止西茶食胡同
潮郡会馆	打磨厂	崇文区西打磨厂街	东起北官园胡同，西止前门大街
潮州会馆	大外廊营	宣武区大外廊营胡同	北起铁树斜街，南止韩家胡同

这五座潮州会馆，在乾隆时刊行的吴长元《宸垣识略》中已经提到两座：延寿寺街的潮州会馆和外廊营的潮州会馆，说明这两座会馆建馆时间最迟在乾隆年间。《宸垣识略》说明“采录省郡会馆之著者，以便公车戾止，则是书简明之意也”，则北京的这几座潮州会馆建立的目的是为赴京考试的士子服务，应该毫无疑问。也就是说，这都是一些试馆，跟商人无关。其实对于专营土产的潮州商帮而言，北京也实在没有多少吸引力。这些会馆由谁来建造？如何筹集资金？因为缺少材料，已经无从了解。我们只知道，北京潮州会馆有一大笔馆产是在汕头本地的海坦，那是由办清乡的方耀方大人拨给的。方大人拨田给北京潮州会馆，目的是为了讨好潮州的京官们。这也说明北京的潮州会馆跟商人无关。

情况跟北京一样有点特殊的，还有海外潮州会馆的建立。

（三）海外的潮州会馆

1．海外移民、商人与会馆

清朝的政策变化和潮州人在海外定居

关于清廷对海外贸易和移民的政策变化，前贤已经有了很多研究，在这里只作简单介绍。

康熙十七年（1678 年），平南王尚之信上疏请求暂开海禁，康熙皇帝诏谕，“郑逆仍踞厦门，海禁不可轻开”。

康熙二十三年（1684 年），因为台湾郑氏已经降清，海禁渐开，允许 500 石以下船只在海上捕鱼贸易，但依然禁止百姓移民海外。

虽然后来海禁渐次放宽，内地商贾往南洋贸易，源源不绝，但移民的限制依然严厉。康熙五十六年（1717 年）诏令，在海禁之前移民南洋者，限三年内回籍。雍正五年（1727 年）为了杜绝沿海居民移民海外，又严令康熙五十六年以后移民不准回籍。

乾隆七年（1742 年），限令洋船出海贸易，必须在三年内回棹。

乾隆十四年（1749 年）葛喇叭甲必丹陈怡老回到家乡漳州龙溪县，被指责为替番人管税，并非贸易良民，遂没收其财产，并发配充军。于是因为贸易移民南洋的商人，内心疑畏，不敢回籍。到乾隆十九年（1754 年）又经福建巡抚陈宏谋奏准，让留居海外的商人携带赀财货物和在番所娶妻妾子女回籍，并不准地方官吏借端索扰。

这只是针对从事海上贸易的商人设立的规矩，至于无业游民，依然禁止出洋谋生。像陈怡老一样充当番官者，也照例严加治罪。

直到同治以后，朝廷才改变对海外侨民的态度。光绪三年（1877 年）开始在南洋群岛华侨聚居的埠头，设置领事官保护侨民。

朝廷对华侨的态度，作为一种外在因素，影响到海外潮人社会与潮汕侨乡的生成。

商人成为潮汕海外移民的主体

移民如潮水一般流向东南亚，鱼龙混杂，泥沙俱下。其间有贸迁的商人，有政治流亡者，有被逐离宗族的浪荡子，有卖身的契约劳工，也有出来谋生碰运气的普通百姓。

不是所有海外移民都会去从事商业活动，但大多数移居者确实有过经商尝试。吴元黎和吴春熙对东南亚华人的经济活动有过这样的论述：

在十六世纪前中国商人到东南亚是季节性与非永久性的，由于东南亚大陆及中国西南省份的高山地形，这时候商业大部分是通过海路来往的商人，这时候，他们和阿拉伯商人有了接触，也通过阿拉伯人把市场推展到更远地方，但，一直要到十三世纪中期与十五世纪之间中国商人才在东南亚建立据点，这些据点都是中国移民在不顾政府阻止1500年下南来的人聚居地。

在1500年到十八世纪的初期，中国人社区已在商业上，简单制造业及农业上建立稳固势力，这可以被视为华人在这地区经济活动的第二阶段。

十八世纪中叶到1930年代，由于在东南亚的殖民地势力加强，华人向南移民增加更厉害，这些定居者提供经济活动的劳动力，也扮演在对内商业及对外商业中生产者与消费者的中间人的角色，中国商人在零售业内占优势，但他们活动也伸延到农场、矿业、金融、交通运输及现代制造业。（吴元黎，吴春熙：《海外华人与东南亚的经济发展》）

这里讲的是海外华人，我们能够比较确凿了解的潮汕移民的历史，只能够从十六世纪以后讲起。也就是说，在我们上面所讲到的潮人海外移民的第一阶段里，在经营工商业之外，还有部分人从事不成规模的农业开发。而到汕头开埠以后，潮汕的海外移民大多从事工商业，包括金融、交通运输和农场的经营活动。

根据杨作为的研究，潮汕人移民到泰国，在事业上发展的规律与陈达的研究结果相当类似。谋生初期，都没有选择职业的余地，即最先是充当劳工或雇员，或依着家乡经营小商业的习惯，从挑提叫卖做起，等到稍有积蓄便开设店铺，做小生意，然后在本行业中谋求发展，事业的成败要视每个人自己营商的本领而定。今天泰国三聘街这个华人社区的结构，是由各个不同的阶层组成的。既有富甲一方的大商贾，亦有靠出卖劳力为生的劳工，此中还是劳工占大多数，他们有的受雇为泰政府开挖河渠，有的在沿河码头任搬运工人，还有的受雇在店铺里充当杂役。（杨作为：《泰国华人社会与经济之变化和中泰经济合作的前景》）

总之，在潮汕裔的海外移民中，拥有资本的商人也许不占多数，但作为他们的雇员的其他移民同样从事着工商业活动。况且，在日常生活里，拥有资本的商人毕竟掌握着整个移民群体的权力和话语。因此，我们有理由说，商人是潮汕海外移民的主体。在商业活动里形成的商人的文化行为和观念形态，不但流行于海外移民社会，也直接影响着潮汕侨乡文化。

海外潮州会馆的建立原由

踏上异乡的土地，五彩的梦想霎时消失了光环。移民不得不面对陌生而往往又是十分恶劣的新环境。商人是移民里头境况最好的了。然而，长年累月奔波，筹算盈亏难定，人生地疏，口舌纠缠，种种不便让人心神憔悴。翘首遥忆故国，在家靠兄弟宗族，出门靠同乡会馆，互相庇护扶持，不免由衷产生。商人尚且如此，其他客居海外的游子的感受和期待，或许更加强烈。

海外潮州会馆的建立，虽然可能有更加复杂的理由，但是，给予离开家乡、不能不直面陌生社会和异质文化的潮州人以心灵和精神上的慰藉，却是会馆建立的非常重要的原因。而正是通过会馆组织，海外潮人有了群体的网络，能够形成一个独立的社会圈子，而潮州商人也借助着网络经营发展，与来自其他地方的商人竞争，潮州商帮因此得以合成。

2. 早期的移民组织

我们现在能够了解到的潮州会馆，已经是海外华人社会进入安定发展时期的产物，是制度上和功能上十分健全的社会组织。这些会馆的前身，早期的移民组织，往往是神庙，或是地域性会党组织。

会党

会党在中国有很浓烈的政治气息，同样也有显而易见的互助自救的慈善性质。比如天地会的种种规矩和律令，其中最重要的宗旨一个是严守秘密，另一个就是患难时的互助。

尽管会党是一种秘密团体，并因为常常跟现政权作对而被妖魔化，但作为一种社会团体，它毕竟能给初踏上异邦的移民带来慰藉和力量。它集结了华人移民的力量，并且用集体的行为，显示了华人移民社会的形成。

由于移民的文化习惯，会党很容易分裂成按籍贯来分类的不同的群体，自行划分“保护”某区域的权力，于是，不同籍贯和方言的海外移民社会便有了分野。

当东南亚华人会党的势力变得很强大之时，本地政府不得不采取共同合作、维护社会安定的办法，以减少不同帮派华人的暴力冲突。地方性移民社会也变得更为巩固。

1889 年，英国殖民政府在马来半岛实施“社团法令”，大部分会党组织通过登记，成为“公司”、“会馆”、“互助会”一类公开同乡机构。“公司”、“会馆”延续着“会党”慈善与互助的功能：履行各种宗教仪式，援助贫苦的会员，解决会员间或会员与其他人士间纠纷……组织机构却越来越完善了。

庙宇

会馆和庙宇有一种不解的缘分。

实际上，会党的传统跟庙宇是连在一起的：在神明面前立誓结盟入会；在神明面前论功行赏、记过责罚。当会党顺应社会演化而转变为会馆组织，庙宇也就成了会馆建筑的一个重要部分。

很多海外会馆原来也是神庙。西贡（胡志明市）堤岸的义安会馆就是关帝庙。（马木池摄）

每一所会馆都必须有祭祀神明的殿堂，而海外移民干脆以庙宇为会馆。我们可以举出很多例子：曼谷的潮州会馆原来是老本头公庙（何翠媚：《曼谷的华人庙宇：19 世纪中泰社会资料来源》），新加坡粤海清庙后来演变出义安公司、潮州八邑会馆（潘醒农：《潮侨溯源集》“新加坡华人古神庙——粤海清庙”），胡志明市（西贡）堤岸的义安会馆原来是关帝庙（黄挺：《潮商文化》），泰国华侨报德善堂原来是大峰祖师庙，金边潮州会馆原来是协天大帝庙，马来西亚古晋潮州会馆原来是玄天上帝庙，等等。（杨锡铭：《扫描海外潮人信奉的神明》）

道理十分简单：宗教最重要的功能之一，是给予被世事扰杂而烦苦不堪的人们一种心灵上的抚慰。身居异地，直接面对强烈文化差异和巨大生活压力的移民们，更加渴求这种抚慰。庙宇正是提供心灵抚慰的场所。

商人们需要议事聚会的场所，也需要抚慰心灵的神明，会馆和庙宇就这样结下了不解的缘分。新加坡粤海清庙旧时也是潮州义安公司所在地，1930 年新加坡潮州八邑会馆迁到粤海清庙后座办公。

泰国潮州会馆由蚁光炎等潮州商人发起，成立于 1938 年，陈景仁担任第一届会长。1978 年，泰国潮州会馆建了新馆大楼，2009 年重新装修后，面貌焕然一新。

1822 年，马来亚的潮州人开始成立自己的会馆组织。1934 年，槟榔屿、雪兰莪、吡叻、马六甲、柔佛和新加坡六地会馆在槟榔屿韩江家庙举行“马来亚韩江公会联合会”成立典礼。翌年改名“马来亚韩江公会联合会”。1963 年又改名为“马来西亚潮州公会联合会”。现在“马来西亚潮州公会联合会（简称马潮联会）”会址设在吉隆坡雪兰莪潮州八邑会馆。

我们还可以从文化的角度来观察会馆与庙宇的关系。每一所会馆都可以看作一个地区的派出机构或一个行业的代理机构。它不论有意无意都会呈示出本地区、本行业文化的一些特征。神崇拜显然是这些特征中很突出的一个。因为每一个地方、每一个行业都有自己崇奉的神明。比如苏州的潮州会馆崇祀韩愈，上海的潮惠会馆崇祀双忠公。一个会馆里，有一个大家共同信仰的神明，公共事务的决定、规矩的制定和实施、善行的表彰和劣习的谴责……都可以在神明面前举行，而得到一种类似于今天的公证的实效。这是宗教上的功能，也是文化上的功能。庙宇之所以可能成为会馆，就是这种功能的作用。关于这一点，下文还会展开来论述。

3. 海外潮州会馆的现代转型：两个实例

新加坡粤海清庙与义安公司、潮州八邑会馆[1]

粤海清庙建在新加坡的披立衔（Phillip Street），有两座相连的庙

① 本节内容主要依据潘醒农《新加坡华人古神庙——粤海清庙》。

宇。右边是“上帝宫”，祭祀玄天上帝，潮州人把它叫做“大老爷宫”。左边是“天后宫”，祭祀天后圣母。

粤海清庙是新加坡华人古神庙之一，应该在新加坡开埠以前就建成了。

开埠前的新加坡是一个渔村，濒临大海。披立街前的海滩，是红头帆船停泊的地点。那时，潮州人乘坐着红头船从澄海樟林港出海，南来新加坡。初来乍到，就在这个地方建立神庙，求神保佑。据说当初只是一座小庙宇，祭祀天后圣母，因为航海者信奉妈祖。

庙宇后来经过很多次重建。清乾隆三年（1738 年）已经改建过，清道光六年（1826 年）再次重建，上帝宫还保留有揭邑众弟子合敬玄天上帝对联：

道本真通，总摄灵源归静穆；
魔凭武伏，还将生气寓威严。

天后宫内，有一个铜钟，是清道光十七年（1837 年）陈仁合敬奉的。上帝宫里，也有一较小的铜钟，是道光十八年（1838 年）治峯所敬的。这是庙宇保留下来的文物。

咸丰年间（1851—1861 年）庙宇又扩建了一次。最后一次重建，是在清光绪二十二年（1896 年）。经过多次重建，粤海清庙才有了今日壮观的场面。

我们再看看这座庙宇同会馆的关系。

庙宇建在港湾近岸，远涉重洋、刚刚抵岸的华人移民，不管是什么籍贯，都会到庙里感谢神明对其旅途平安的福佑。大约在早期，这座庙是由所有广东人共同崇奉的。有许多粤人之间的事务或纠葛，都能够在庙里会商解决。潘醒农说：

> 新加坡未有广东会馆组织以前，本坡如发生重要事故，常由粤海清庙名义召集粤省各属侨领集议，采取一致的行动。

不过，潮州人似乎通过庙宇的改建重修，逐渐取得了对庙宇的控制权。

1845 年，佘有进等 13 个姓氏的潮籍商人，组织了“义安公司”，主持每年农历三月初三日的玄天上帝诞的祀拜活动。粤海清庙的产业也由义安公司管理。粤海清庙的后座辟为义安公司办事处。

就像巴素所说的那样，早期南洋华人社会的会党、公司和会馆性质非常接近，都有宗教和慈善的性质。义安公司控制粤海清庙，实际上就是神庙转变为会馆组织。

但是，粤海清庙依旧是新加坡潮、广、客、琼人士共同祭拜的神庙，香火颇盛。1896 年神庙最后一次重修之后，尤其是这样。1896 年到 1899 年间，广东各属会馆信众赠送了很多匾额：

恩敷北极（琼州众信敬酬）
泽及斯民（广惠肇众信拜）
帝德参天（应和馆众同敬）
后德齐天（粤东弟子众绅商敬）
后戴坤元（琼州众信商敬）

这些匾额如今还悬挂在庙里。同时，义安公司也俨然成了粤省各属移民的领袖。第一次世界大战期间，新加坡人心惶惶，义安公司总理佘连城（佘有进之子）用粤海清庙的名义发出通告，请广、客、琼各属侨领和义安公司的董事，在 1914 年 6 月 26 日上午 7 时齐集粤海清庙，到玄天上帝案前焚疏祈祝地方平安。潘醒农把疏文录下来了：

具疏文本坡粤省沐恩治子等，为欧西战争未息，叩求默佑，以保地方事：缘大英国与邻邦有战事，战衅已开，遂使本坡商场受其影响。现在百业阻滞，人心惶惶！长念前途，未卜如何结局。治子等居英属地，同深戒惧。伏念上帝为造物主，能赐民福利，爰是虚心祈祷，叩求默佑，俾得战争早息，归予和平，庶使国家商务得以维持，地方仍旧安谧，则感深恩于无尽矣。肃此上呈。（潘醒农：《新加坡华人古神庙——粤海清庙》）

义安公司名义上是新加坡潮人公众团体，但实际上掌握在董事会特别是总理的手中，所有账务未曾公开。1928 年 9 月，林义顺等 40 人联名登报发起筹设新加坡潮州会馆，虽说主要目的是为了促动义安公司把产业交还给潮人公管，但名正言顺的提法，还是说要联络乡谊、传达舆情、团结自坚。

1963 年，新加坡潮州大厦落成，义安公司和潮州八邑会馆都搬进大厦新址中。

新加坡潮州八邑会馆在 1929 年 3 月获得殖民政府批准立案。8 月选出董事会，由林义顺任总理，杨缵文、李伟南任副总理。9 月召开首届董事会议，推选代表交涉义安公司公产。几经曲折，交涉终于和平解决。义安公司订立新章程，组织新董事会，仍在粤海清庙后座设办事处。从此以后，义安公司变成一个信托慈善机构。其他很多功能，则都由潮州八邑会馆取代了。

越南堤岸的关帝庙与义安会馆

越南胡志明市堤岸地方有一座关帝庙。正座两旁横屋的巷门上各挂着一块木匾。左边是“义安会馆”，右边是“崇正总会”。对这座庙宇和会馆合一的建筑，我们找不到现成的介绍文字可以参考。好在庙宇里完整保留着同治五年（1866 年）、光绪壬寅年（光绪二十八年，1902 年）和 1969 年几次改建重修的多块碑记，让我们可以约略了解它的历史。[①]

1968 年的《重修义安会馆碑记》一开头就说：

> 我堤岸义安会馆，依隋代古郡以立名，合潮循道属而共建。创始何时，文献无证。虽未易考，而根据碑记，则初期坐东向西。同治五年，首次重修，仍其旧制。至光绪廿七年，由西堤潮客两帮先贤，重新改建，移易分金，俾正南面。恢宏庙貌，中连三进，后包扩充范围，旁增两庑横屋。

从几次修建碑记的碑额看，这座建筑的正式名字是“义安会馆”

① 下面引文皆依据张兆和等《越南胡志明市宗教碑刻资料汇编·义安会馆碑记》（未刊稿），感谢马木池博士为我提供这些碑记的文本，使我能够完成这一节的写作。

（虽然人们更可能使用“关爷宫”的俗称），是由旅居西贡的潮州人和客家人共同拥有的。至少在同治五年（1866年）就是这样了。

会馆创建于何时，因为缺乏文献可以考据，已经无从了解。但是，会馆原来是一座庙宇，或创建会馆的目的是为了祀神，这一点却是无可置疑的。同治五年（1866年）的《重修义安会馆碑序》就说：

> 我粤人创建义安会馆，崇祀尊神，聪明正直，护国荫民。神灵默佑，物阜人康，今以酬报，饮和食德，民沾乐利，岂不美哉。旧殿辉煌，年湮远久，栋宇颓坏，迄有修葺。义安诸君子集众同人，踊跃倡修，好义捐资，随缘乐助，无不踊力，集腋成裘，共襄美举。

同治五年（1866年）的这次重修，未曾破坏建筑原来的布局，只修葺了破落的神殿。值得注意的是，同治重修的时候，潮、客两帮似乎还没有分帮的意识，碑记只讲“我粤人”，只讲“义安诸君子”，比较光绪以后的碑记，有很大的不同。

光绪二十八年（1902年）的义安会馆发生很多变化。

首先是整座建筑的布局结构，完全重新改造。移易方向之外，“恢宏庙貌，中连三进，后包扩充范围，旁增两庑横屋”。从这句话看，原来的建筑应该只有大殿，改建后，殿堂三进，主体建筑两边，有横屋护翼，所以说建筑的面貌“恢宏”了。

其次是潮、客已经分帮。这次改建，立了两块碑记，其中一块落款是“义安会馆众商立”，而另一块则是“义安会馆客帮众商立”。更有趣的是，两块碑记对“义安会馆”的名字作出了不同的解释。义安会馆众商所立的《重建义安会馆序》说：

> 回忆昔人寄迹安南，经商营贾，拔萃超群者，指不胜数。所以同心同德，创设会馆。为乡情而适义，会梓谊以问安，故就吾郡古名，为会馆名。安然有亲亲周密之义。堂上虔祀关圣帝君，以昭我人修德作善，当念桃园义高，要知梓里情笃。安于斯也，义诚是乎。

除了把“义”和“安”分别阐说之外，强调“就吾郡古名，为会馆名”，也就是说，“义安会馆”即“潮州会馆”。对此，义安会馆客帮众商显然有异议，所立的《重建义安会馆碑记》说：

> 会馆之建设久矣。其初为潮客两帮诸商董，协力同心，创成基址。凡吾两帮人等来南者，皆得赖以联络乡情，会议商务。即今左右门眉，悬挂公所，潮客两帮，相对辉映，所以壮会馆之观瞻也。取其名为义安云者，盖以潮客自唐所来人色，非其亲朋，即其故友。古人有言，朋友之道以义合。苟能以义合，固无不可以相安者。而是地，人适以安南名，于是义安二字，遂因之而成立，固当日潮客两帮诸同人，所斟酌尽善而创为令名，并非有所沿袭而成也，明甚。

客帮商人对“义”和“安”另作解释之后，几乎是针锋相对地提出，“义安”绝非沿袭潮州的旧郡名。这种潮客分帮的结果，是“即今左右门眉，悬挂公所，潮客两帮，相对辉映”，正座两旁横屋巷门的门楣上，分别挂上了“潮帮公所”和“客家公所”的牌匾——跟今天我们所看到的也不相同。

再次是会馆功能的扩大。同治时的义安会馆只有祀神的活动，至少从碑记所见是这样。此后会馆事业渐次扩大。比如光绪七年（1881年）就有潮州六邑义山的设立，可以由现在仍然竖于会馆里的《橡义堂碑文》证明。到了这时，碑记更加强调两帮商人“皆得赖以联络乡情，会议商务”，而不仅是在这里祀神祈福了。功能的扩大，标志着堤岸的义安会馆已经完成从实质上的神庙向会馆组织的转换。

到了1968年，义安会馆已经转化成为现代社团组织，一如《重修义安会馆碑记》所讲：

> 本馆经前人之创建扩充，后继者之发扬滋乳，举凡医院、学校、公祠、义山等，养生安逝之要务，莫不灿然俱备。

（四）潮州会馆与潮商文化

1. 潮州会馆三个发展阶段上制度文化的变化

潮汕人在离开家乡以前，除了家族组织和文人结社之外，很少有人去建构和参加其他形式的社会组织。离开家乡以后，他们便跳出了血缘狭隘的圈子，以各种关系结成多种形式的社团。潮州会馆就是这些社团中代表性最广泛、规模也相对较大的组织。会馆集结居留地的同一籍贯的各式人等。我们说过，潮商是潮州会馆的支柱。

第一个发展阶段的会馆，是由潮州商人和奔走仕途的士大夫们一同构建的。我们把这一阶段的会馆称为传统型的会馆。传统潮州会馆在制度上和事业上，最重视神明祭祀和商务襄赞。

会馆对神明的祭祀有一套制度性规定，如祭祀什么神明、什么时候祭祀、用什么方式来庆贺神诞、祭祀经费如何筹集等。制度的确立，保证会馆这一项事业的顺利进行。在潮州会馆，除了祭祀妈祖、关帝这类国家崇祀的神明之外，还祭祀韩文公、双忠公这类在潮州特别受崇拜的神祇。这些神祇的祭祀，使潮州会馆弥漫着一种接近于故土的宗教氛围，对离乡别井的商人们有一种精神上的安慰，同时也培养着潮州商帮的文化精神。神诞节庆，人神同乐，既联络了乡谊，又是一个与其他帮派交往的好机会。

会馆对本帮商人商务活动的襄赞，可分对外、对内两个方面。对外，凡经营过程碰到的各种困难如资金短缺、政令障碍等，会馆会负起扶助、交涉的责任；对内，如对本帮商人之间的纠纷，会馆居中调停。

第二个发展阶段的会馆，可以说是由传统会馆衍生出来的另一种类型。由于这一类会馆建构于海外，多少也受到会党和神庙组织的影响，在制度上和事业上表现出浓烈的移民群体的特征。我们把这类会馆叫做海外移民会馆。

在海外移民会馆的制度上，“恭敬桑梓”不再被放在首位，“联络乡谊”即加强族群自身的团结，变得更加重要。致力于社会公益事业和慈善事业，重视教育，倡导娱乐与体育，都有了制度化的规定。宗旨决定了会馆事业的眼光内转，会馆更加关注自己的成员。以族群团结为目的，娱乐和体育越来越成为会馆事业的重点。

海外移民会馆的制度，几乎不见有关商务的内容。因为海外社团的多样性，使得原来会馆的这一部分功能，可以由商业性质的其他团体来承受。但是，商人依然是海外移民会馆的主要赞助人和组织者。

第三个发展阶段的跨地区的潮州会馆联盟的宗旨，从历届国际潮团联谊年会所提出来的主题看，除了“敦睦乡谊”之外，最显眼、最吸引人的，是“拓展工商”和“弘扬文化”。

国际潮团联谊年会有饶宗颐教授作词的《会歌》：

伟哉韩江，浩浩荡荡，哺育潮人万万千。
五洲四海，披荆斩棘换新天。

拓展工商，弘扬教化，奋发齐向前。
互助互爱，群策群力，乡谊永比金石坚。
继往开来，传亿万年，传亿万年！

“拓展工商”和“弘扬教化”在歌词里，有着很重要的位置。

商人既然是海外潮州会馆的主要赞助人和组织者，当他们从世界各地走在一起，自然而然会考虑扩大自己的生意网络。每届国际潮团联谊年会期间，或举办工商经济方面的研讨会，或举办工商企业产品展览。比如，在马来西亚举行的第三届年会上有“马来西亚产品展览会”；在新加坡举行的第四届年会上有题为“新加坡的贸易和投资机会”的讲座；在澳门的第五届年会上有“今日澳门”的经济专题讲座；在美国加州的第七届年会上有“国际企业商展”。在法国巴黎举行的第六届年会期间，有一百多万家企业成员的法国雇主协会，为来自世界各地的潮州商人代表举办了招待会。招待会上，潮州商人与法国工商企业家代表进行了交流。法国全国贸易委员会主席暨雇主协会副主席戴马尼先生在发言中赞扬潮州人：“在经营国际贸易方面，世界上没有任何人，也没有任何群体能比你们更精明能干和更具有潜力的了。”①

总之，在潮州会馆发展的第三个阶段，制度文化又表现出向襄助工商业方面的回归。而在弘扬本土文化方面，却贯穿着三个阶段，一直被坚持下来。

2. 会馆对潮汕文化的展示

潮州会馆对潮汕文化的展示，在精神文化的层面上，表现为对教育的重视和支持；在物质文化的层面上，努力展现自己的乡土特色。

在潮州会馆发展的第一、二个阶段，会馆在物质层面上对潮州本土文化的展示，首先表现在建筑，特别是建筑装饰工艺方面。

我们讲过，在天津针市街有潮州人和福建人合建的闽粤会馆。光绪二年（1876年）潮州商人在闽粤会馆左旁筹建潮州会馆。“潮州会馆”白底黑字的木匾，是光绪四年（1878年）挂上去的。笔者估计，潮州会馆的祭祀活动应该还是同闽粤会馆一道举行。神庙、戏楼是两

---

① 黄绮文，郭伟川．潮人的开拓与国际潮团联谊年会．香港：第八届国际潮团联谊年会，1995

省商人共同拥有的。2007 年 8 月到天津，特意跑了一趟针市街，满怀期望去看潮州会馆。从广东会馆出鼓楼，经过几个路人指点，终于沿着南运河，来到针市街所在的地段。这里是正要改造的新城区，针市街的旧建筑刚刚被推倒，新建筑还没兴建。眼前是空荡荡一片平土，还有运河的流水悠悠，很像当时的心情。为了列举这个例子，只好借用周昭京的生花妙笔：

戏楼的建筑具有南北建筑艺术合璧的特色。在木雕艺术表现形式上，反映出潮州木雕的传统工艺。舞台中央帷幕上有“天官赐福”的镂空潮州木雕。灯光下熠熠生辉，使观众一望顿生祥瑞吉庆之感，而增添无限生活情趣。最具特色的是舞台顶的回音罩。当时还未有扬声器，要使台下观众无论从哪个角落，都能清晰地听到演员腔音，实有困难，而舞台顶的回音罩却解决了这个问题。回音罩呈螺旋形，由千百块各异的斗拱相互钩搭而组成，它能将舞台声音吸进，再由不同角度回射到会场各个角落，具有传声、拢声，又能折射声音的效果。回音罩是一个玲珑剔透，金碧辉煌的木制艺术精品，令人叫绝。戏楼后台正中，设有神龛，它与潮汕地区祖宗祠堂的神龛完全一样，只不过体积稍小而已。这是古代伶人演出时，都要供奉礼拜的神位。两旁是戏箱。演员化妆室也在两旁房间里。会场可容四百多个座位。潮州会馆每逢年终酬神，都在这里举行宴会，答谢各地商客。请北方戏剧演出。30 年代曾请在上海演出的潮剧戏班到此清唱。（周昭京：《潮州会馆史话》“天津潮州会馆”）

这段描绘，令人联想起广东会馆的戏台，它也许是仿照闽粤会馆的戏台建造的，只可惜后者已经再也见不着了。

再讲越南堤岸的义安会馆。由于条件限制，笔者无法亲临其地去领略它华美的建筑，只好借助文字，做纸上的游观。《重修义安会馆碑记》描写光绪廿七年（1901 年）重建后的义安会馆：

恢宏庙貌，中连三进，后包扩充范围，旁增两庑横屋。远聘名匠，取材祖邦，所有名贤书画，故事框屏，博古器皿，及花鸟虫鱼等，或以石刻，或用木雕，或剪瓷片镶嵌，或煅珠蚝捏塑，莫不巧夺天工，为中华艺术精华之所萃。加以装金髹漆，五彩缤纷，典丽堂皇，庄严

伟大。缅怀前勋，肃然景止。（张兆和：《越南胡志明市宗教碑刻资料汇编》）

当时，会馆的建筑师傅是从潮汕本地请过来的，就连所用的材料，也从故乡运过来。自碑记的文字看，会馆的装饰形式，石雕、木雕、嵌瓷、贝灰塑，采用的都是潮州民间工艺。所谓“莫不巧夺天工，为中华艺术精华之所萃”，其实也就是对故乡民间艺术的宣扬和炫耀。

最后讲一个小地方的潮州会馆的例子。这座会馆坐落广东兴宁，位置就在梅江河畔。会馆创建于嘉庆七年（1802 年），是潮州海阳（今潮安）和澄海两县的商人共建的，所以叫做“两海会馆”。后来，由于梅江河床抬高，地貌变化，原来沿河建筑的会馆被挡在新筑起来的大堤外边。在洪水期，旧会馆经常被淹。1920 年，商人们集资把会馆拆了，把地基垫高，依原样重建。修旧依旧，使我们可以大致了解 200 年前会馆的建筑面貌。

会馆占地面积 1 000 平方米，主体建筑是潮汕风格的“四厅相向”的格局，前厅、正厅和左、右偏厅环抱成天井。前厅向外开着 3 个大门，中间大门上方有“两海会馆”匾额。正厅原来应该是神殿。主体建筑的南北两侧各有一列厢房，是会馆办公的地方。两厢有巷门右门石匾刻“古瀛长（音 zhǎng）属”，古瀛是潮州的别称，海阳是潮州府的首邑，这块谜语一样的匾额告诉我们，南边厢房是海阳商人的会馆。左边门石匾刻“莱岛名区”，莱芜岛是澄海县城风水上的朝山，这北边厢房是澄海商人的会馆。

乾隆嘉庆之间，正值潮州海上贸易最发达的时候，潮州商人继续经营着韩江流域传统的经济腹地。兴宁的棉布纺织业就在这时候兴起。潮州商人给这个山区县带来“海风”。两海会馆在这风气下建成，建筑的木石构件，多用石雕、金木雕装饰，精美华丽，显出一种潮汕地方气派。

今天，这座古建筑，因为它的历史和艺术价值，成了兴宁唯一一处广东省级重点文物保护单位。

建筑之外，潮州会馆显示地方文化特色的方式，还有待客的茶序和宴席。《潮州会馆史话》在“苏州潮州会馆”和“天津潮州会馆”两节，有相似的描写：

明代后期开始，许多潮汕人南北经商，移居海外。人口的大流动，带来了文化的大交融。潮汕人的饮食，一方面吸收了许多外来的风味与烹调形式，出现一种强烈的趋同倾向，另一方面仍然保留着重鱼鲜、喜清淡的传统习惯。商帮会馆宴客，都会用本帮的厨师做家乡菜。于是这些地方味道就被称作“帮口”。在大地方，移民定居，行旅往来，地方口味也会带来商机，于是开始有了风味菜馆的创办。

因为经营饮食业的潮商的努力，潮菜在众多大小城市风行。在2010年上海世博会上，潮菜作为粤菜的代表之一。

会馆内又设有一大厨房。此房是乾隆廿八年，以价银1 010两买吴县徐岵瞻房屋15间。将其中全部内面楼改为三间楼，其余都改为大厨房间。会馆还到潮州聘澄海人张、黄两人在馆内掌勺，精煮潮菜。每逢年岁谢神，节日或祭神祀日，尤其元宵“敬设歌台灯彩，众商踊跃”，“宾朋叙会，饮爵献酬”。此外也用潮菜盛宴招待吴郡官绅商客友人。从潮州来吴郡经商，或路过苏州的潮籍乡亲人士，都喜欢到会馆休憩聚会，饮工夫茶、吃潮菜。

这是苏州的潮州会馆。天津的潮州会馆也是这样：

大厅八仙桌中常年摆着潮汕工夫茶的茶具，以招待客人……会馆里设有厨房，由潮菜名厨师掌勺，会馆宴饮常以潮菜招待各方来宾。潮菜选料考究，做工细腻，清淡可口的特色，常为宾客所称赞。

乾嘉以来，潮汕人经商蔚为风气，海内外各大埠头，都有潮汕人的足迹。潮汕人经营的铺户，一般都备有工夫茶待客，以广结人缘。客人南来北往，便因此而见识了工夫茶。今天，上海世博会潮府馆入门一角，依然设置有工夫茶座。

在这张汕头老摄影家拍于数十年前的“奇香茶楼”旧照片上，却找不到工夫茶具的踪影，难怪老人一脸怅然。

潮州会馆展示地方文化的做法，一直到它发展的第三个阶段，仍然保留下来。

3. 国际潮团网络化与潮汕文化发展

在20世纪五六十年代，海外潮州社团有一个比较迅速的发展期。促成这种发展的原因，从表层看是政治方面的，东西方之间的冷战，中国与东南亚各国分属于不同集团。更深层的原因，则是面对东南亚各国民族主义思想的觉醒和日益深入人心。为了自保，为了保持自身文化的独立性，结成团体是一种近乎本能的反应。换句话说，会馆发展的意义是文化上的。

20世纪70年代以后，海外潮州社团向网络化的方向发展。促成这种发展的原因，看表层是经济方面的，冷战结束后国家关系的软化，有利于海内外潮州人之间的经济合作。更为根本的原因，则是在全球化的形势下，国家文化的多元化。国际潮团之间的合作和交流，成为很多国家的潮汕人建立族群本土性的手段，就像蔡志祥所说，“把本土的潮人特性演变为本土化的多元元素之一”。这种发展的意义也是文化上的。

正是对文化上的意义的追求，国际潮团联谊年会继续着传统会馆的文化展现方式，正如《潮人的开拓与国际潮团联谊年会》一书中所说：

> 随着潮人的足迹，潮汕文化，包括潮州方言、潮州戏、潮州音乐、潮州菜、潮州的民情风俗等，也遍布海内外。正是这些独特的潮州文化，吸引了其他族群的注意，也使潮州人引以为豪。每次年会，各主办单位的节目安排，也有潮剧表演、潮州英歌舞、潮州大锣鼓。大会的语言，离不开保留了很多古音古义的潮州话。而宴会上少不了清淡鲜美的潮州菜及高洁精致的工夫茶，众多代表团用作纪念品交换的多是潮州刺绣、木雕或陶瓷等工艺品。

也因为传统的方式还不足以应付全球化的形势，国际潮团联谊年会努力加强自身文化的展现方式。从第一届国际潮团联谊年会开始，联谊年会多次邀请学者们围绕着“潮州文化”的主题作演讲。请看下表：

届	年	地点	演讲人	演讲题目
1	1981	香港	香港大学校长黄丽松博士	海外华人
2	1983	泰国	原泰国法政大学校长陈贞煜博士	泰国文化之特征
3	1985	马来西亚	联合国教科文组织驻马来西亚理事会委员李绍茂先生	中华文化及潮人史话
4	1989	澳门	汉学大师饶宗颐博士	潮人文化的传统和发扬
5	1991	法国	饶宗颐博士	
6	1993	美国	饶宗颐博士	何以要建立“潮州学”

1987 年在新加坡举行的第四届国际潮团联谊年会上，未曾邀请学者演讲。马来西亚代表团呈交了一份书面建议，建议在国际潮团联谊年会举办期间，同时主办“潮州文化国际研讨会”，各区选派 1 ~2 位学者专家出席，集各区学者专家于一堂，共同研究及发扬潮州文化，

特别是向年青一代弘扬潮州文化意识，让他们能够认识并喜爱潮州文化。接下来，饶宗颐教授在第五、六届国际潮团联谊年会上，又提出成立“中华潮州文化研究基金”的建议。到 1993 年，饶宗颐教授在美国举行的第七届国际潮团联谊年会上，作了《何以要建立“潮州学”》的书面演讲。

这些建议终于获得回应。1993 年 12 月在香港中文大学召开的首届“潮州学国际研讨会”，香港潮州商会捐赠巨资赞助会议经费，来自十多个国家和地区的近百名学者与会研讨潮州学。此后每两年一次，潮学国际研讨会不间断地连续举办。

2001 年，在北京举行第十一届国际潮团联谊年会，主办方组织了“海外潮人和潮汕文化”学术研讨会，饶宗颐教授和来自澳大利亚、加拿大、法国、德国、日本等代表团代表和专家学者十多人发表演讲。

2005 年，第十三届国际潮团联谊年会在澳门召开，第六届潮学国际研讨会同时一并举行。在这次会议闭幕前，“今后国际潮团联谊年会和潮学国际研讨会同时召开”的提案通过联谊年会常务主席团的审议，作为一种制度确立下来。

2006 年，国际潮团联谊年会在香港登记成立“国际潮学研究会”。研究会决定设立“潮汕历史文化研究博士、硕士论文资助计划”，培养新一代具有国际视野的潮学研究人才。2008 年在广州举行的第八届潮学国际研讨会上，香港潮州商会永远名誉会长陈伟南先生为首批获得资助的 3 名博士颁发了奖学金。

潮商和网络化的潮团组织，就这样继续促进着潮汕文化的发展。

七、岁时祭祀：潮州商帮精神文化分析

（一）民间信仰习俗与潮汕商业文化

历史发展到今天，经济发展与宗教变迁之间的交叉作用已经一而再、再而三地发生。可以肯定的是，民间信仰在制度和观念方面对商业文化会有某些影响。举潮汕作为例子，贸易过程中赊账的行业惯例形成、商业活动中的投机赌博行为和商人逐利的观念等，都可以从民间信仰习俗里面得到解释。

1. 从许愿谢神的习俗到赊账的行业惯例

过去潮汕的商业经营，有过“赊账”的行业惯例。可以从很多文献上了解到，商人们从批发商那里进货，不用交现款，可以等到货卖完之后再去结算；顾客到商店买东西，也可以先记账，一定时间后再去还钱。

在很多研究中，“赊账”惯例的发生，总是被解释为市面上流通的小面值的货币太少的缘故。笔者以前也相信这种经济学角度的解释。因为我们看到，在现代金融制度刚刚出现的时候，体制还没有完善，市面流通的小面值货币太少，常常发生“钱荒”。这时候，商人们特别是小商贩，会采用赊账的办法来应付缺少零钱找换的实际问题。

现在看来，这种解释也许不是最好的。笔者认为，我们还可以从民间宗教“许愿谢神”的风俗制度去作解释。

关于潮州民间“许愿谢神”的风俗制度，沈敏在1937年就有比较详细的描写。（沈敏：《潮州年节风俗谈》“谢神”）从他的描写中，我们可以了解到潮汕人的“谢神”其实有两种：一种是普遍的谢神。

因为一家人这一年又平安过来了，要答谢神恩，这是信仰者的感恩。另一种是“许愿还神”。先前在神明面前许了愿，许愿的时候，有什么要求，要怎样答谢，都讲清楚。年终，目的达到了，就必须还神。这种做法，实际上是先要了东西，给了价，到一定时间，再按原来的许诺酬还。赊账的办法，可以说是在商业活动中对这种做法的模仿。在“许愿还神”的过程中，人与神之间有一种口头的契约关系。我们因此可以设想，商业活动中依赖于双方信用的口头契约的出现，是由于“许愿还神”的风俗制度的影响。

2. 术数命相与商业活动中的投机赌博行为

把民间宗教的术数命相与商业活动中的投机赌博行为联系起来，是李亦园先生的发明。李先生在《台湾民间宗教的现代趋势》、《传统中国宇宙观与现代企业行为》等文章里，反复讨论民间宗教的现实功利特性如何转化为经济发展的基础。其中有一个话题，是针对那些“着迷于术数命相，并进而表现于投机冒险的企业”的。李先生说，企业家在民间宗教文化的晕染下，认为“命”是注定的，“运”却是可以改变的，于是就企图在这可改变的范畴中，利用各种可能的几率，寻求最合适的时间、空间和谐，以改变运气，求得最有利于自己的机会。（李亦园：《宗教与神话》）

农业活动和商业活动在本质上有很多的不同。农业活动依着于土地，按照自然运行的规律，春耕、夏耘、秋收、冬藏。虽然或许会遇上天灾人祸，但一般情况下，可以凭勤力改变生存状态，用一分耕耘换一分收获。安分守己的观念由是产生。人的性格和行为，也稳重而扎实。在商业活动中，勤力的作用远不如筹算。百货重轻，万里如睹；跋山涉水，履险如夷。经商的过程，总是要面临太多太多的变数。即使在资讯已经非常发达的今天，即使是经验老到的商人，也难保万无一失，难保每一次商业运作都会赚钱而不折本。筹算培养了机巧和胆量。由于在筹算过程，人算往往不如天算，商业行为本身就带着浓厚的冒险成分，做生意多少都有点投机的味道。正是商业活动培育出“敢搏才会赢”的观念。投机赌博行为就在这种观念下产生。

笔者在《潮汕史》里面，讲过晚明潮州“鸽变”的故事，来说明商业活动如何挑逗起潮州人不惜冒险、追逐货利的赌博性行为。当时潮州士绅林大春对“鸽变”事件有一段评论：

此非物之能自为变也，人心使之变也。非人心之自为变也，货利之习趋之也。夫邯郸之市，居贸之贾，即微如刀锥，犹不遗余力求之。矧兹一物不崇朝而可致千金，虽佣夫贩妇，夫谁不争？且以夫妇之愚，岂其果能破家钓奇、事玩赏者？乃弃其产业，求一鸽而不顾，则所失者小而所图者大也。卒之，禁厉鸽死，习尚渐息，而失者已不可复追矣。始知趋利之害，一至于此。（林大春：隆庆时《潮阳县志》卷二“县事纪·嘉靖三年”）

这段评论相当精彩地分析了人们的社会行为如何改变他们的观念形态，而观念又如何反过来触发另一类社会行为。

尽管有着种种劝导和规禁，只要人们相信术数，心存改变运势的希冀，这种与商业利润的追求共生的投机赌博行为，必然一而再、再而三发生，就好像一个打不破的怪圈。

3. 庙祀的功利主义与商人逐利的观念

逐利对于商人来说，是一种正常的观念，也是一种正常的行为。潮州话里有句俗语：“刣头生意有人做，折本生意无人做。”很清楚地表达了一种逐利的观念：明知要砍头的生意还有人做，那是因为有利可图；知道要折本的生意，当然不会有人去做，因为做生意就要赚钱。

把庙祀的功利主义与商人逐利的观念联系起来，也是李亦园先生的发明。他指出，在民间宗教信仰中有不少现象，有利于现代经济发展的需求。民间宗教的庙宇中，奉祀的神祇有无限扩大的趋势，就属于这样的现象。（李亦园：《宗教与迷信》）根据李先生的分析，让庙宇里祭祀的神明无限扩大，是民间宗教现实功利主义的一种做法。这种做法所透露的态度，与工商企业家的功利心一脉相通：尽量利用多种机会、多种选择、多种经营，以至于善尽钻营。评价上可能有褒有贬，所反映的却都是一种逐利的观念。

民间信仰习俗对于潮汕商业文化的影响，远不止上述几个方面。下面就韩文公、妈祖和关帝这几个民间信仰个案，再作分析。

（二）妈祖崇拜：和谐的祈求与悲悯情怀

1. 潮汕妈祖崇拜的起源和信仰圈的扩大

妈祖是潮汕地区最常见的民间宗教信仰的一种神明。

本地妈祖崇拜的起源很早。据《东里志》的记载，宋代南澳已经建有妈祖庙：

天后宫……一在深澳，宋时番舶建，时加修理，晏总兵移建于海岸。皆祀天后圣母之神，凡航海者必谨事之。有急难，呼之，立见空中火光，是神至也。余尝见陈思斋侃使琉球，其火长姓林者为余言：方解缆时，有一乌鸦在桅上，船中人皆忧不吉，思斋不以为然。开洋二日，海风迅烈，激浪涨天，白日晦冥，大舟桅坏。众以为命悬一丝，拜天祝神。少顷，火光见，有一白鹤翔其上。众皆欢呼曰："娘娘至矣！吾辈其安乎！"因得顺风飘忽，至一岛中，修整以行。盖神之庇也。（陈天资：《东里志》卷一"祠庙"）

"番舶"这个词，一般用来指称外国船或从事海外贸易的商船。南澳地处宋代著名的外贸港口泉州往广州航线的中点，岛上有井泉可以补充食用水，因而多有番舶寄碇。这时建庙祭祀妈祖的信众，就是这些从事海外贸易的商人。

元明以后，妈祖的信仰圈不断扩大。妈祖的信众由海商、渔户扩展到官员、军队，再发展到整个社会。

妈祖是海上的保护神，在滨海的潮汕地区，受到广泛崇奉。出没于惊涛骇浪中的渔民、船工和海商，礼拜尤其虔诚。潮汕沿海港口处处有庙，建于乾隆年间的樟林新围天后宫规制最为宏伟，可惜毁于天灾。老汕头有五座妈宫，升平路口的老妈宫最有名。老妈宫始建于嘉庆年间，光绪五年（1879 年）重建，是汕头市一处地标。每年农历三月二十三日妈祖诞，市里的铺户一定要吃豆芽韭菜炒面线。本地人把豆芽菜称作豆生，这种传统节日食物，大概是商人们用谐音取其"长久生财"的兆头。

妈屿岛扼守汕头湾的出海口。岛上很早就有妈祖庙，来往商渔船只，用鸡祀神，小岛又有了“放鸡山”的别名。近年，小岛的最高处立了一座观音像，面向大海，为过往船只祈求平安。

明万历四十八年（1620年），南澳镇副总兵何斌臣重新拓建放鸡山（今汕头港出海口的妈屿岛）妈祖庙。新庙落成，何总兵亲自操笔写成《放鸡山天妃宫碑记》。碑记说：

夫溟渤之间，歆盻飨而赫濯其灵者，则天妃靡埒矣。海之民，网罟者，戈铤者，探奇赢者，挂片帆，鼓一楫，必祷于神以行。其或中流无际，风涛撼之，亡命撄之，三老吁号，遥望赤光，莹莹一星，薄樯橹间，则知神至，而寇逝，而波澄。故濒海在在祀之。（齐翀：乾隆时《南澳县志》卷十一“艺文”）

何总兵说，有三类人最信奉妈祖，一是“网罟者”，也就是渔民；二是“戈铤者”，也就是守卫海疆的水兵；三是“探奇赢者”，也就是海商。这三类人都在海上讨生活，相信妈祖能帮他们解脱灾难。

在这篇碑记里，渔民和海盗（亡命、寇）是不同的两类人。可是，海盗同样信奉妈祖。雍正时《揭阳县志》里，就有海盗曾一本乞灵于妈祖庙的故事：

桃山天妃庙，大都督宝山郭公先生既歼曾贼而作也。先是，桃山有庙，自曾贼一本倡乱以来，兵火摧剥，神像仅存，而漫漶弗虔，则亦甚矣。会皇上有二省会剿之命，正长子以一身帅师之时，曾贼惶惧，窃卜祠下：将以犯闽乎？不可。将以犯广乎？不可。将以循海乎？不可。然则终毙于此乎？不可。曾贼愤愠，欲裂祠而尽毁之。（李义壮：《天妃娘庙记》；《揭阳县志》卷七“艺文”）

清代建成的妈祖庙，在数量上远超前朝。本地渔民继续为妈祖建庙，来满足自己的精神追求。潮阳招收都下尾溪岸的天后庙，就是渔民所建，所以光绪时《潮阳县志》说这个庙“渔船祀之”。在一些渔港埠市，比如潮阳达濠，渔民和商民会共建庙宇，一同祭祀妈祖。

由于海上贸易的兴盛，地方经济发达，在强大资力的支持下，格局恢弘的天后宫也建造起来。比如，澄海樟林南社外的新围天后庙的主体建筑由山门、前殿、正殿、后殿组成。后殿还有层楼，是天后的妆楼。主体建筑两侧，有从屋围护。山门前殿之间，埕口宽敞。整座庙宇气概不凡。那些疆土不跟海洋相连的县份，比如揭阳，也由官师和海商分别创建了妈祖庙。揭阳县南关外天后庙，也是殿堂三进，两旁从屋，纵横十五丈，规模甚大。

像澄海樟林新围天后庙这种大庙，几乎是整个社区所有人一起捐资建造的。这座庙宇的题捐碑记还保留在东、西两边的庑墙上。东庑碑记写明：

> 乾隆丁未四月朔，天后圣母答示盖建新围宫。兹于壬子年梅月功已告成。众缙绅善信题捐芳名镌列于右……
>
> 乾隆五十六年镌

西庑碑记也写明：

> 天后圣母答示盖建新围宫正殿、前栋、楼上、拜亭、东西两庑、周围埕道、窗槛、桌凳、油漆等处。士绅善信题捐芳名镌列于左……
>
> 乾隆五十六年镌

从碑记上的称呼可以了解到题捐人的身份，包括官员、缙绅、生员本地和外地的商人、洋船的船主和舵工、渔船主和渔民以及一般的善男信女。

信仰圈扩大到全社会，使妈祖在潮汕本地具有乡土神祇的性质。

不过，能够对潮汕的妈祖崇拜推波助澜的，还是商人，特别是海商。

2. 潮州商人的妈祖崇拜

其实，和福建商人一样，潮汕商人的妈祖崇拜，本来就出于自然。

潮汕多海商，贸易海上，风波、世态、险象丛生。妈祖的灵显，本来就在能除灾救难，特别是解救海上的灾难。潮汕商人对妈祖的倚赖和崇敬的心理，便这样由衷生发。这种心理，外显在行为上，便有了如下的种种表现。

商船上祭祀妈祖

航行远洋的红头船上，几乎都供奉妈祖神像。在琉球王国的档案汇编《历代宝案》① 中可以找到证明。档案所记录的海难事故，有几宗跟潮州船有关。这些被送回中国的遇难潮商，商船中劫余的“随带物件”，记录里面登记得清清楚楚：

> 乾隆五十年（1785 年）遇难的陈万金号商船，随带物件中包括天后娘娘一位、千里眼将一位、顺风耳将一位、女婢二位。
>
> 嘉庆十九年（1814 年）遇难的吴永万号商船，“所有货物，亦尽漂弃，惟剩所奉圣母神像全座”。
>
> 道光十五年（1835 年）遇难的杨传顺号商船，随带物件中，包括所奉天后娘娘一座。
>
> 道光十六年（1836 年）遇难的陈进利号商船，随带物件中，包括天上圣母一座和顺风爷二座。

琉球档案之外，红头商船供奉妈祖的情况还可以在其他文献中发现。陈达的名著《南洋华侨与闽粤社会》中就有如下一段记录：

> 汕头某村有一位绅士，其曾祖尝和暹罗通商。有一次其“红头船”遭遇极大的危险，一日某绅以其曾祖的“像赞”示著者，内有一段说：
>
> “曾祖考讳仆字仁灼，前朝敕授儒林郎，六品封典。祖即高祖峰之公五子也。自少习庭训，长兴航业。中途遭飓风，飘流琉球百岛，船及货物均为岛民吞没。祖只身背神像渡海，得达山东，行乞以归，已一年矣。当时家人闻船漂落无踪，意谓沉没，即居丧如礼，庆归服除。祖至是一身之外，别无长物，再向亲友借贷造船，航往南北两洋。

① 有关《历代宝案》基本情况的介绍，可参阅：陈春声.《历代宝案》所见之清代潮州商人的海上贸易活动. 潮学研究（第 9 辑）. 广州：花城出版社，2001。

> 惜所运仅木材树皮诸贱物，不能获利，晏如也。会星洲烟土跌价，勉办多少。回国运往上海。船次崖门，门吏以此船向运贱货，免查挥去，抵上海烟土获利甚丰。惊识广东烧烟起衅，崖门不查，化祸为福，迨天赐欤？遂捐资修黄河决口，使臣嘉许，达部册封。”（陈达：《南洋华侨与闽粤社会》）

陈达说这位绅士的曾祖父海上遇难后背回来的神像，就是“天后圣母”。这位仁灼公的“像赞”写到他后来的侥幸发财，文字里的“微言大义”并不费解：这财是崇信妈祖的回报。

捐资兴建妈祖庙

商人参与捐资修建神仙庙宇，在潮汕并不是什么稀奇事。许多案例中，官绅带了个头以后，还真指望富商们有一点实质性的行动，只要用心读读众多祠庙的题捐碑记，就可以明白。商人对修葺改建旧妈庙、创建新妈庙，也都会积极捐资参与。而最能表达他们对妈祖崇敬之意的，还是作为商人群体兴建妈祖庙。

潮阳招收河渡门，是濠江通往南海的出口，榕江和韩江西溪的商船，或可从这一通道出海。濠江口内港湾甚大，樯桅林立，于是有商人捐资建造妈祖庙，供“商船祀之”。（周恒重：《潮阳县志》卷七）

揭阳城南关外有天后庙，是乾隆二年（1737 年）由洋船商呈明知县张薰建造。庙宇后靠城垣，前临南河。海禁洞开以后，潮糖作为主要商品远销北地，南河上游棉湖一带，正是蔗糖的重要产区。庙宇在正座之外，又建了从屋大厅 13 间，或者有船商会馆的功能。（刘业勤：《揭阳县志》卷二）

乾隆三十四年（1769 年）建造的澄海南门外天后宫，是由商户万世保等募建，祭祀的花费都是由县城中的商人们出资的。（李书吉：《澄海县志》卷十六）这一时期，海上贸易十分兴旺，澄海洋商腰缠万贯，全靠着妈祖保佑，一说要建庙祭祀，也就个个争先。

会馆中建殿阁祭祀妈祖

和闽粤其他地方的会馆一样，潮州会馆一般设有殿坛祭祀妈祖，如果祭祀的神明不止一位，妈祖肯定是正殿主神。乾隆年间，松江知府杨缵绪为苏州潮州会馆的天后宫写了碑记，就说：

吴阊一大都会也。我潮人之宦游往来，暨商旅之藏市出涂者踵相接，廼建会馆，而筑宫以祀天后……康熙四十七年五月择地于阊门外五图义慈巷之西，经始其事。至五十六年四月，而天后阁落成，层轩步檐，堂庑翼如。祭献歌舞有常供，居守有常资，至者如归其家，过者如恋其乡。至于今久矣，而未有记。雍正十一年七月，又于阁之前建关帝祠，阁之后建观音阁。乾隆八年，又将于观音阁之后增建昌黎祠，而总颜其坊曰“潮州会馆”，凡历三十七年而规模始备焉。[①]

苏州潮州会馆一共有 4 座神殿，分别祭祀关帝、天后、观音大士和韩文公。不过，杨缵绪告诉我们，这 4 座神殿并不是同时建起来的。天后阁在康熙五十六年（1717 年）建成，16 年后才建了关帝祠和观音阁，到乾隆八年（1743 年）增建韩文公祠，又是 10 年光景。这时候，会馆规模大备，杨缵绪应邀撰写的碑记题为《天后宫记》，可见天后仍是苏州潮籍官宦和商人祭祀的主神。

3. 潮商妈祖崇拜的观念投射

妈祖庙里的诗碑

在香港新界元朗大树下乡有座天后庙，庙里有一块 1958 年所立的诗碑。碑文在简叙了妈祖（天后元君）生平之后，接着写道：

元君自幼孝敬父母，行善积德，后登峰超升，圣迹显灵，慈悲救世。莆田父老，乞赐福禄，当时神笔批示云：

红尘滚滚在人间，天地旋转有循环。善恶到头终有报，时间只在早与晚。

世人个个欲如花，代代想享大荣华。荣华若能强求得，天理道理应撤下。

从来得着荣华者，出自孝子积善家。虞舜行孝动天心，尧帝帝位让与他。

董永卖身葬父母，后代昌盛传天下。陶朱多作积善事，上天赐佢大富家。

富贵丁寿之人家，是从行孝积善修。行孝积善修得好，何愁人生不荣华。[②]

① 杨缵绪《天后宫记》，见姜顺蛟《吴县志》卷一〇六，本卷原缺，抄补。
② 诗文根据廖迪生教授《香港天后崇拜》第一章所载的照片引录。

诗文借妈祖的乩笔写出，内容与一般劝善书雷同。这里引用它，是想通过它来观察，世人在祭拜妈祖的时候，心中如何看待神明、家庭和富贵的关系。

世人求神，企望的是福禄。但是，神明示与的榜样却是孝道和善行。从“观音赐药”到“机上救亲”，妈祖故事一开始，就在讲有关孝道的家庭伦理和积善的社会伦理。[①] 这是信众们都熟知的。因而祈拜妈祖，想得到福禄富贵，却必须从“行孝积善”修起。这样一种观念在碑文里头有着很明确的表达。碑文提到陶朱，显然把商人放到非常显要的位置。

从家庭到社会：和谐的祈求

潮汕有句老话：“妈祖唔拜家⿱不会兴。”“⿱不会”是个方言俗字，可以从字面理解。这句话的意思也许不难明白：不拜妈祖，这个家就不会兴旺。

但我们还可以仔细品味，继续追问：拜妈祖是为了家的兴旺，那怎样才算是家的兴旺？于是我们会想起另外一句潮汕俗语：“家和百事兴。”家事和谐，自然百业兴旺。和谐是兴旺的表征。为了家事和谐，我们要去拜妈祖。讲得郑重一点，妈祖崇拜中投射着潮商文化的和谐精神。

此话怎讲？

传统社会士、农、工、商四民中间，商人的生活，是最充满动荡因素的。远离家人，跋山涉水，历尽艰险去追求财富，到头来还是要将财富返回到家园。因此，虽经商于他乡，商人们却无时无刻不系念家庭、系念父母妻子。家庭的安定成为他们追求财富过程的另一种迫切的企求。樟林城内妈祖庙里的“亥爷”故事，就很能反映这样的心理：

澄海樟林一带流传有“亥爷得份妈祖宫，妈祖得份亥爷福”这一句俗语。每年的妈祖生辰，樟林人到石头城内妈祖宫祭祀时候，也要祭祀亥爷。亥爷，其实是一尊泥塑的猪像。这其中原因何在呢？

传说清朝光绪年间，樟林北社林厝有一寡妇陈氏，生一遗子，取

---

① 妈祖的标准化故事，可以参阅丘人龙《天妃显圣录》，见蒋维锬《妈祖文献资料》。

名阿猪。孤儿寡母相依为命，境况十分凄凉。乡亲父老对此深为同情，常劝说陈氏改嫁另寻生路。陈氏起初不肯，后来饿得没办法，只好横下心改嫁。这天早上，她穿上珍藏多年的那套蓝衫乌裙的结婚礼服，背上未满三岁的儿子准备到媒人家去相亲。刚走到北社栅门脚，忽见一只大乌猪满身污泥迎面冲来，两只大耳朵不停地扇动，一条猪尾巴左右摇摆。陈氏躲避不及，被溅得满身污泥，不敢前去相亲，只好痛哭而回。后因生活确实难挨，又起改嫁之念。一天早上再整理衣裙带着儿子改道从河美栅门出去。才出栅门，又见一只大乌猪向她冲来，又被弄得满身污泥。陈氏触景生情，抱起儿子，回到家中大哭一场。自此立志不嫁，母子艰难度日。阿猪十五岁时，与人结伴乘红头船到暹罗谋生。由亲戚提携，先在一家小公司当伙计。所赚钱财，除寄养母亲外，自己省吃俭用，全部积累。这样日积月累，手头就有几个余钱，便与人合股驶洋船，不久就发了财。后来定居家乡，事母极孝。继又娶妻，生下一子，取名阿象，聪颖过人，延请名师教授书史。阿象后来中了秀才，陈家家境日好。

一年，适逢北社七圣夫人过生日，宫前演戏酬神。陈氏前往观看时，又有一只大猪到她身边乱闯，驱赶不走，后来竟尾随她回家。陈氏遍问乡人，皆不知道这头猪是谁家的，便把它养起来一直到这只猪老死。陈氏想起当年多亏神猪显圣方未改嫁他方。又妈祖是海神，儿子能过洋行船全赖妈祖保佑。于是便在樟林石头城内南门边建了一座天后宫，正位立妈祖像，右边塑一泥猪立于坛上，称为亥爷，与妈祖一同受乡人供奉。后人便以“亥爷得份妈祖宫，妈祖得份亥爷福”一语来比喻互为受益的事物。[1]

这个故事里，家庭的安定与财富增长互为因果，反映的正是充满商业气息的樟林社会和潮州商人的观念。“亥爷得份妈祖宫，妈祖得份亥爷福”这句俗语道出了一种双赢的结果，一种“互为受益”的社会和谐。

社会的和谐也是潮州商人的追求。潮安彩塘流传着这样一个商人之间因为和谐而互为受益的故事：

① 余流．潮汕熟语俗典．汕头：汕头大学出版社，1993

> 沈以成又名佳谟。初到新加坡时，依一亲戚。其人在“猴爷”商行帮事。猴爷姓吴，潮安银湖人。是年猴爷让人看相，相士谓猴爷之相，当“加毛”方能发财。一日，猴爷在行中与沈以成相遇，见以成长相四平八稳，甚有神采，便问是何人。答是某人之亲戚，名佳谟。猴爷忽忆相士之言——潮语，“佳谟”与“加毛”同音——乃留以成在行中办事。以成为人老实谨慎，极少出门。一年春节，商行放假，被同事强拉至赌场赌钱。先输光后，无本翻回，赢钱极多。碍于赌场规矩，不敢罢手。猴爷闻知，亲到赌场，替为开解，并凭其威望，代以成收回所赢钱。以成便将此项钱款作为股份，与猴爷合做生意，不久即发了大财。后来，两人意见不合，不愿见面，但又不愿拆股分开。于是猴爷托故回乡，数月后返新，下船前先告知公司。以成闻讯，也心照而托故回乡。如是“迭归迭往”，两人至终不再见面，而合股生意也始终未曾分拆。①

最值得我们注意的是，在故事最后一段表现出来的这两位商人的心态及其实际行为的道德意蕴。在这个故事中，有一种传统道德对猴爷和沈以成在商业活动中的实际行为起着规范作用。这种道德就是“和”。这两位商人对他们之间关系的处理，很有“和而不同”的意味。这就是我们所强调的社会和谐。

显然，潮汕商人的妈祖崇拜，追求的是从家庭到社会的和谐。“和为贵”、“和气生财”这一类伦理观念，因此而成为潮州商帮文化精神的重要内容。

悲悯情怀与社会公益

悲悯是妈祖神性的一大特征。《天妃显圣录》所记录的神奇轶事，如“化草渡商”、“祷雨济民”、“圣泉救疫”、“瓯闽救潦”等种种灵异，无不显露着女神的悲悯情怀。杨缵绪在苏州潮州会馆《天后宫记》中，对天后宫（也就是会馆）祭祀的几位神明的神性，就这样提示表彰：

> 宫为天后而建，前说详矣。关圣在天之灵，无所不歆格，潮人客吴而祀之，盖曰丹心浩气，四海可以为兄弟，况于桑梓，是相尚以义

① 这个故事由熟悉潮州故典的蔡起贤先生口述，由笔者写定。

也。大士在南海之潮音，现女子相，与天后同功，祀之者，盖曰大悲感应，保艾我逆旅之众，同其休戚，是相恤以慈也。韩公有德于潮，潮人寓居而不忘祀之，盖曰我邦君存神过化，如水之行地，无往不受其泽，是相服以贤也。

祭拜关帝，为了“相尚以义”；祭拜韩文公，为了“相服以贤”。其中所蕴涵的潮州商帮倾慕儒者和崇尚信义的文化精神，下文再作分析。而观音大士“与天后同功”，祭拜这两位女神，则是为了“相恤以慈”。在祭拜过程中，以救苦渡难为主题的神明故事，润物无声地培养潮商慈悲为怀的文化精神。

商人们的悲悯情怀，表现为对社会公益活动的关心和投入。这种表现从晚清开始在各类文献中被记录下来。

笔者所见过的最早的材料出现在光绪《揭阳县续志》上：

陈秋启，字振文，在城人。少孤贫，以勤俭起家，积赀巨万。性好施予。道光初，倡建文昌祠，董修奎光阁，皆身自相度，不遗余力。道光十三年癸巳，邑大饥，偕绅董平粜至二万石，斗斛皆手自称量，不轻以假人。复自请于文庙前设厂，施粥五日……二十七年，捐修郡城湘子桥。咸丰戊申，重修渔湖桥，首出巨金，为诸绅先。[1]

陈秋启是一位糖商，出生于乾隆三十三年（1768 年）。（陈奕波：《榕城陈泰兴》）因为是勤俭起家，到 50 岁左右才成巨富，道光元年（1821 年）以后，他开始捐款修建祠庙桥道，平粜、施粥赈灾，多行善事，回报社会。这本方志上，记录商人行善的事迹甚多。又有：

黄乾正，在城人。家贫业贾，出纳公平，务行善事。揭邑俗多溺女，前人设育婴堂，有名无实。乾正力劝整顿，议立良规，慎雇乳媪。每日早起，往城隅周行观察，遇有呱呱弃者，则急收之。若姓可知，更为簿记，俟其长择良以配，不致混适同姓，及堕为娼尼。如是者，数十年不倦。

① 李星辉：《揭阳县续志》卷三。咸丰无戊申年，原文有误。

黄乾正等重建育婴堂的时间，是同治六年（1867 年）之前。[1] 育婴堂的设置，本来是地方官所为，到这时只能由绅士和商人捐资兴办。行善的并不仅是大富商，小商贩一样投身社会公益：

孙朝财，号敬修，在城人。性俭朴，一布衣数十年不易。业贾于市以糊口。家非小康而不忘施济。常置一扑满，日取羡余实其中，至除夕扣贫家门，人赠百钱。行之数十年弗倦。同治乙丑岁饥，邑绅士设厂施粥。时值盛暑，贫民络绎奔趋，忽值大雨，朝财悯之，急购簑笠八百件，与冒雨者。妇人负子则以大者给之。又虑暑雨伤人，令家人烹解暑茶数缸置于粥厂之外，以供渴饮。城进贤门外一带灰路修筑计五次，又自建雨亭一座于渔湖。都邑人皆善之。

海外侨商一样参与到行善的行列中：

林焜耀，磐溪人，州同职衔。少贫，无以为生，去之外洋岛国，从人服贾，颇得厚赀。归里，凡施棺、掩骼，及熬膏药以施病者，事多可称。

在本地的族谱里，也可以读到海外侨商行善的材料：

（吴）庄逢，自往新加坡购地种胡椒、甘蜜，历十三年，获金巨万归。同治三年，水决堤，乡居成巨浸，沉灾待拯，公倾所积产以活人，仍赤手赴旧游地，重事种植。又六年，获资益巨，遂几。赍金返回。同治九年，长堤复溃，公之拯救如前，出资几倍。浚村之南北沟，地变沃野。挺身除粮胥积弊…… 晏然划已有田亩为塚。无力者群获资助。[2]

吴庄逢的善行，仅仅惠及乡人。但潮州商帮的善举，也不乏普惠天下的。《清实录》记载，光绪四年（1878 年）晋豫两省大旱饥荒，丁日昌正好请假在籍，接到李鸿章信函之后，督饬道员张铣，劝捐赈银：

---

① 时间依据李星辉《揭阳县续志》卷三“郭于谨”条推定。

② 林金枝《闽粤侨乡族谱研究》所引潮州《吴氏族谱》。

> 绅民人等，急公好义，踊跃乐输。潮州一府，已捐者业有二十余万之多。其香港及南洋各埠，经绅董梁云汉等实力劝办，起解三万余两。新加坡、小吕宋等处华商，亦经该绅士等切劝，已捐定者共三万余圆……丁日昌以豫省灾荒，与晋省相等，拟将潮州捐款，专解山西。将香港及南洋各埠捐款，专解河南。均汇至天津，由李鸿章转购米粮，分别起运。（《清德宗实录》卷七十一）

《清实录》中讲到的“民”，实指商人。因为四民之中，商人是最有能力输捐的。这一点，李鸿章的奏折讲得更加明白：

> 潮州、台湾僻处海隅，相距晋、豫甚远，至南洋各埠商民虽皆闽、粤两籍，然如新金山则往返几及八九万里，即安南、暹罗、小吕宋、新加坡等处，亦相距二三万里。此次一闻晋、豫奇荒，圣主宵旰焦劳，该绅民等无不激发天良，捐赀报效。其捐赀而不敢仰邀奖叙者，约计亦有三万余两，急公好义，实属出于至诚。（李鸿章：《李文忠公选集》光绪四年五月二十五日“未奖各员存记片”）

这种推断，还可以从《清实录》里的另一条记载中得到证明：

> 光绪五年（1879年）五月，（皇帝）以南洋华商筹办晋豫赈捐，事由神佑，颁潮州会馆关帝庙匾额曰“佑福兆祥”，天后庙匾额曰“德星昭衍”。（《清德宗实录》卷九十四）

这一条非常明确地指出捐资赈灾的是华商，而把匾额赐给潮州会馆的庙宇，说明潮州商帮在赈灾捐款中发挥了主要作用。《揭阳县续志》也有关于这次赈灾中绅商捐款的记录：

> 郭升裕，号竹侯，（揭阳）在城人……少失怙恃，依叔祖广得始克成立。以家贫，舍儒而贾。貌朴心诚，无疾言遽色，人乐就之。由是家业渐饶……居恒好善乐施，创立忠节家庙，置祭田、书田，旁及邑之文庙、书院、会馆、街亭、津梁之建葺，与夫善堂、义冢、育婴、恤寡、济贫、施丐之周急，凡力所能为者，行之数十年不倦。族党或相构讼，务为排解，暗捐赀以济之。同治四年乙丑岁荐饥，煮粥以待饿者，门外络绎不绝……丰顺丁中丞日昌筹办晋赈捐输，首捐巨款为邑

绅倡。(其子)绍唐奉檄解赈款银十万赴天津，其羡余例有千金，遵父命悉数缴焉，为合肥李傅相所嘉许。其以忠信廉洁为家训有如此者。

因为“潮州捐款专解山西”，所以在这条材料中被称作“晋赈”。潮州一府捐款二十余万两银，而揭阳一县就捐了十万两银，这是丁日昌寓居揭阳，与当地的绅商有良好关系的结果。海阳彩塘沈以成父子的捐输赈灾，受到封赠褒奖，也是在这个时候。

有人因为在这些赈灾活动中有着劝捐、受褒奖等功利人为因素，便否定商人们有一种自觉回报社会的慈善观念。但从郭升裕一贯好善乐施的行为看来，这种怀疑并没有充分的根据。实际上，商人们的宗教信仰，在耳濡目染中培养出他们的悲悯情怀，使他们自觉地参与社会福利活动，不管是家资巨万的富商还是谈不上富有的小商贩。

同一类的例子，可以举泰国华侨报德善堂。光绪二十五年（1899年）在汕头创建的报德善堂是否以商人为主干，还不能肯定。但是，1910年在暹京创立的报德堂（泰国华侨报德善堂的前身），12名发起人全都是商人。(林悟殊:《泰国大峰祖师崇拜与华侨报德善堂研究》)善堂经费来源虽说是由所有善信捐与，并不限于商人，但商人的捐资显然占了绝大部分。据《泰国大峰祖师崇拜与华侨报德善堂研究》转引1936年10月5日暹京《中华民报》暹事版报道:

(报德堂)堂内经费共分月捐、特别捐两种，月捐由热心商户按月捐赠，去年月捐每月得二百余铢，特别捐则是各慈善家莅堂随意乐捐者，大体上经费尚称充裕。

李草在《报德堂四十年散记》中谈到早期报德堂的经费来源时，也说:

那时候的“报德堂”的经费来源，部分是由人们自动捐题的。部分也来自侨社商号或个人的月捐。

最初的月捐，每店仅一铢或二钱(惟陈黉利则每年捐二百四十铢)。但是，也有的月捐，仅仅廿五丁——一钱。

陈黉利号的月捐，大约占了总数的一成。报德堂经过1936年的现代化改组，直到今天，还在泰国社会慈善事业中发挥着重大的作用。

（三）韩愈崇拜：对儒者的倾慕

最晚在清代，潮州商人已经把对韩愈的崇拜信仰带到外地，带到他们经商的地方。乾隆四十九年（1784 年）撰写的苏州《潮州会馆碑记》里记载：

> 我潮州会馆，前代创于金陵，国初始建于苏郡北濠，基址未广。康熙四十七年，乃徙上塘之通衢，列层五楹，为殿者一，为阁、为台者各一。闬闳高敞，丹雘翚飞。敬祀灵佑关圣帝君、天后圣母、观音大士。已复买东西旁屋，别祀昌黎韩夫子。兼设客厅厨会，凡岁时伏腊，祝厘受祉，宾朋叙会，饮爵献酬，咸集予是，规制焕然一新矣。[1]

韩愈广受潮州人崇拜。郡城以外，在潮州各县普遍建有韩祠。对韩文公的膜拜，激发了潮汕人对儒者的倾慕。老画家佃介眉笔下的潮州东山韩祠图，借景写心。陡峭的山路，屹立峰头的庙宇，花艳如火的橡木，令人有高山仰止之想。贸迁南北的潮州商帮，同样崇拜韩愈。外地的潮州会馆，苏州之外，徐闻县海安港的会馆供奉的神明也是韩文公。

从这一段记载里可以了解到，苏州的潮州会馆，除了祭祀关帝、天后、观音之外，在康熙四十七年（1708 年）新馆建成之后不久，又另外设置了祭祀韩文公的坛堂。[2]

① 江苏省博物馆. 江苏省明清以来碑刻资料选集. 上海：三联书店，1959

② 我们没有调查过究竟有多少个潮州会馆祭祀韩文公。不过，在中国内地除了苏州潮州会馆之外，祭祀韩文公的潮州会馆，至少还有雷州半岛徐闻县城的潮州会馆。

韩愈崇拜本来是由官员们提倡的，韩愈的神信仰与名宦、乡贤祠一样，基本上属于儒学的神道设教，那么，韩愈又是如何成为潮州商人崇拜的对象的呢？

这个问题，应该从16世纪至18世纪商人与儒学之间关系变化的大背景，以及对韩愈神格的理解两个方面来回答。

1. 商人与儒学之间关系变化的大背景

余英时先生认为，从16世纪至18世纪，儒家伦理思想有一个新的变化，就是肯定了儒士的业贾治生，即强调儒士必须有独立的经济生活，以保持其独立的人格。重儒轻商的传统被打破了，士与商的界限变得不甚分明，儒士业商的情况已很普遍。在这种情况下，商人接受儒家教育，吸收儒家伦理道德观念，用以指导商业行为，形成了中国商人精神。（余英时：《士与中国文化》“中国近世宗教伦理与商人精神”）

我们在这一阶段的潮州地方志书里，未曾看到对“业贾治生”的直接肯定，但是我们可以读到这样的记载：

> 陈建子，字仰川……少习陶计业，居积及著……延师课子，殷勤尽礼。子孙皆名诸生，梦弼顺治甲午恩荐。（张玿美：《惠来县志》卷十四“硕隐”）
>
> 陈日正，号通享，在城人，例贡生。少贫……生平好读书，为养亲计，去而服贾。中年家小康，恒训其子曰：“我恨贫不能从学，汝曹其勉力以竟吾志乎。”（李星辉：《揭阳县续志》卷三“贤能”）
>
> 卓宗元，字昌善，在城人，监生。贫而好学。以菽水不能供，转事服贾。中年小康，轻财仗义……尝恨少时无力读书，遇庠序中人，则肃然起敬。著有《晓儿语》十七则，浅近中仁义兼至。训俗之语，皆见道之言，有宿儒所见不到、行不及者。自序为道光十八年秋，盖晚年阅历有得语也。（李星辉：《揭阳县续志》卷三“贤能”）

陈建子是晚明时人，所谓“陶计业”，也就是从事商业经营。这则记载中没有说明陈建子自己有没有学习过儒道，却说到他在致富之后，督促子孙读书。故事一方面传达了商人对儒道的倾慕，另一方面也说明儒士的进学，需依靠父祖经济上的支持，而业贾治生不失为致富的好途径。陈日正和卓宗元是清代嘉庆、道光年间人。这两位商人都因为家庭经济拮据不得不弃儒业贾。在家道小康之后，陈日正勉励儿子努力攻读儒学，完成自己的夙愿；卓宗元对读书人恭敬有礼，正是表现出成功的商人对儒道的向往。

从这一时期潮州的族谱也可以读到这方面的资料。资料不多，但是对“业贾治生”的肯定态度，却比地方志要鲜明得多：

松居公之次子讳遂，更名参，字安□，号鲁省，谥宏。生于明万历甲戌年正月十二日寅时，终于崇祯丙子年三月初九日亥时，寿六十有三。鲁省公之为人也，泛容大度，敏而强记，且嗜学出自天性。惜少失怙，家贫学资无资，年十五遂别业经商，然手未尝释卷也。尝路获遗金，俟其人而还之。童时所读程墨，临老犹能一一背诵不差。每入子侄辈精舍，即需笔纸，随其学问浅深，课文课对，以寓劝勉。而常谆谆为后生诲谕者，尤在“立心正大”一语。①

十世世振，辉阁子。太学，少负大志，精范白业。平藩闻其才，深加敬礼，给以重资，经商外国。致素封，族人罕有及此。资助大宗祠，奉神主配享。②

王遂是晚明时人，他因为家贫，不得不弃儒业贾治生。致富之后，资助鼓励子侄向学，这同陈建子的经历十分相似。陈世振的事迹上文已经讲过，他是明清之间人，也是一个儒商的典型。他经商的本领非常高明，以至平南亲王尚之信愿意出资让他经商日本。而陈世振在巨富以后，热心宗族建设，表现了对儒道的笃信。

尽管这几则材料内容比较简单，但已经足够说明余先生的研究结论，同样适用于这一时期的潮州。这就是潮州商人崇奉韩文公的社会历史的大背景。

2. 韩愈的神格

潮州商人崇奉韩文公，究竟寄托了一种什么样的精神需要？或者说，韩文公对于潮州商人有什么榜样价值？崇奉韩文公最终将造就潮州商人什么样的文化精神？回答这些问题，关键在于对韩愈神格的

① 《鸥汀王氏族谱》，原谱无页次。

② 陈祖厚《陈世文康公族谱》。原稿现为澄海建阳陈武才珍藏，此据陈孝彻征集誊印本。

理解。

韩愈的神格，通俗一点说，就是韩文公是一个什么样的神。

有人说，韩文公是潮州人的乡土守护神。这样说并不确切。被潮汕人赋予“保境安民”功能的“大老爷”很多，最常见的是三山国王和玄天上帝，还有像安济圣王、双忠公、城隍爷、关爷等，都可以被视为乡土守护神。但是，韩文公从来没有这种“大老爷”身份的，也就是说，他并没有“保境安民”的功能。

宋代以后，潮州很多郡县官员都热衷于韩文公祠的建设，韩祠在潮州各县普遍存在。官员们崇奉韩愈，是为了在潮州推行儒家教化。因此，韩祠经常也跟书院、塾学合在一块。潮州儒生们在学校里除了拜孔圣人，还拜韩文公。这种传统一直延续到20世纪20年代的广东省立第二师范学校（它的前身是韩山书院）。可以说，潮州的韩愈崇拜，基本上是和读书人联系在一起的。换句话说，韩愈是儒者的神明。

那么，韩文公给潮州的读书人提供了什么精神榜样，值得他们去崇拜？

是学问吗？对笃信宋明理学的潮州儒者来说，韩愈的学问庞杂粗疏，并不精粹。对此，在潮州儒者的议论里，有婉约的牢骚，也不乏直接的批评。是文章吗？韩愈名列“唐宋八大家”之首，他的文章写得很让人佩服。但是，明清时期的科举考试，使用的标准文体是八股文。社会上，作为考试范本的八股“制义”流行泛滥，而韩愈的文章曲高和寡，就像今天的“严肃文学”一样。多数追求“实用”的读书人，为了生计，不见得会喜欢韩愈的文章。

答案就在韩文公祠满壁斑斓的碑刻里。满祠碑刻，最有名的是苏东坡的《潮州韩文公庙碑》。苏东坡这篇文章，影响太大了，天下士子大概没有人没有读过的，潮州的读书人更是如此。我们常常可以碰到有些古稀老人，读过几年书的，都还能朗朗上口，为你背上几句。那几句一定是：

> 文起八代之衰，道济天下之溺。忠犯人主之怒，而勇夺三军之帅。

这是苏东坡最推崇韩愈的地方。前两句推崇的是韩愈的功业；后两句推崇的是韩愈的人格精神。功业不一定可以追及，人格榜样却值得学习，因为这“忠”和“勇”也是儒家的精神。“忠”要能敢于触犯怒气冲冲的君王，而不是只讲服从、唯唯诺诺的愚忠和假忠。“勇夺三军之帅”这一句，是用了《孟子》里头的典故。只要刚毅、果断、锲而不舍，什么事情都做得到，百万军中取上将首级也并非难事。这就是“勇”。

“忠”和“勇”不但是儒士们所歆慕的品格，也成为所有潮州人所追求的精神。正因为这点，韩文公成为潮州人最崇拜的神祇之一。在文化大革命中，潮州韩文公祠几乎被毁，只有1925年潮安县长刘侯武书写的“吾潮导师”匾，被有心人保护下来。1987年，韩祠后山，依山砌石，筑成平台，兴建侍郎阁。石壁上嵌着石板，又刻上了潮籍名书画家赖少其书写的“吾潮导师”漆书大字。也许这句话，是写在潮州人心里的。

韩文公是潮汕人的导师，当然也是潮州商人的导师。清代苏州潮州会馆里供奉韩文公，实际上寄托了那一个时期潮州商人对儒士身份的向往和对儒家道德的崇奉。这种倾慕，最终锻炼成潮州商人的文化精神。

3. 商人的儒者倾慕

对儒者的倾慕，可能包含着上述两种取向。而实际上对于多数潮商来讲，他们更注重的是后者。

彩塘沈氏的例证

彩塘沈氏家族的故事，为我们提供了生动的例证。这个家族最早去闯南洋的，是沈以成。《沈君家传》说沈以成“少笃儒慕”，“尝读《货殖传》”[1]，但《沈公祠堂记》[2]却只说：

> 公少业贾，有奇才，能习知外洋事，兼通其语言文字。时中外互市，贾船往来，慨然有远游志。

看来沈以成是一个自幼就以海外贸易为职业的商人。沈以成的继子沈绍光也是自幼业贾，未曾有过从儒学进身的尝试。

---

① 《沈君家传》全称《皇清诰赠通奉大夫赏戴花翎道员加三级沈君家传》，碑刻现存潮安彩塘华美村以成公祠内。

② 《沈公祠堂记》全称《皇清诰赠通奉大夫赏戴花翎道员加三级沈公祠堂记》，碑刻现存潮安彩塘华美村以成公祠内。

发家以后，沈氏一家通过不断捐输取得职衔。父亲沈以成是四品衔待铨府同知。老大沈绍光是待铨道员加三级。老二沈绍璧府同知注籍吏部。老三沈绍远捐了户部贵州司主事的实职，加员外郎衔，赏戴花翎。只有老四沈绍元充国子监肄业生，算是有个士人出身的样子。可见，沈氏父子并不把业儒进学看作家族的荣耀。但是，沈氏父子受儒家道德的影响仍是显而易见的。

沈氏祠两碑都引用《史记·货殖列传》白圭论“治生”的那一段话来称赞沈以成，《沈君家传》还就此作了发挥：

> 天下言治生者祖白圭，君则百货重轻，万里如睹，是其智也；择能戚党，同利共财，是其仁也；气吞重溟，有孚履险，是其勇也；纤啬不事，礼节能敦，是其强也。

白圭论“治生”之语，在16世纪以后的儒士们的观念里，显然是一种合乎儒家规范的商道，所以在儒士们为商人所写的文章里经常被引用。余英时先生在他的论著中引用吴伟业《卓海幢墓表》来阐明商人与儒学的关系，《墓表》中吴伟业记述了卓尔康评价墓主卓海幢的一段话，也提及白圭之语：

> 白圭之治生也，以为知不足与权变，勇不足以决断，仁不能以取予，强不能有所守，虽学吾术，终不告之。夫知、仁、勇、强，此儒者之事，而货殖用之，则以择人任时，强本力用，非深于学者不能辨也。

余先生说，根据《墓表》的记载，卓海幢显然对理学和佛学都有很深的信仰，并凭借这些精神资源经营商业。但在这里，知、仁、勇、强这些“儒者之事”，已经中立化（或普遍化）而用于商业活动，卓氏之“学”也决非儒家的圣贤之学，而是陶朱、白圭之学，即“以最理性的方法达到致富的目的”（余英时：《士与中国文化》“商人与儒学”）。沈氏父子出身商贾，未有儒士身份，深于儒学之事更无从谈起，而以成公祠里的两通碑记，也引用白圭语来称赞他们，如果把余先生对《卓海幢墓表》的解释借用在沈氏父子身上，会愈加贴切。

我们还可以对上引《沈君家传》一段话再作仔细的讨论。首先，“百货重轻，万里如睹”之“智”，显然不能视为儒家的德目，它只是对商人的天赋和业贾经验的一种评判。同样，“气吞重溟，有孚履险”之“勇”与儒家之道也难免有所扞格，实际上它只是由潮州内陆屏蔽、海岸开阔的地理特点以及久远的航运和海上贸易历史所造成的一种民风民气。“择能戚党，同利共财”之“仁”更带着浓烈的商业气息，与耻于言利的儒者之风大异其趣。唯有“纤啬不事，礼节能敦”之“义”尚存有较多的儒道意味。可见，与其将表现在沈以成实际行为中的“智、勇、仁、强”视为儒家的圣贤之教，毋宁承认它们是16世纪以来流行于商业社会的商人伦理。

然而，我们不能否认商人伦理的建立有赖于儒道所提供的精神材料，或者说，我们不能否认商人伦理本身蕴涵着极多儒家道德规范的因子。沈以成在商业活动中的实际行为，就是在这一前提下受到儒道间接的影响。沈以成敢于业贾新加坡的勇气和毅力，既源于潮州地理特点和海上贸易历史造成的地方文化传统，同时也反映出诸如“勇”这样一种包含着儒家道德规范的因子，经由韩愈崇拜一类民间宗教文化传统，成为潮州商人们的精神力量。

潮阳陈英烈的例证

潮阳《溪东村陈氏略历》里记载着这样一个故事：

> 十六世，英烈。商于上海，为路经法租界五邑阴会馆门口时，目见内有法国人，似有异图。昂然进入，向该法人质问。讵该法人面露凶光，手执枪支相向。祖不示弱，袒胸以对，不料当被枪杀，证明帝国之凶恶。乡人闻知，群起反抗。上海道台、县令，立即出面交涉。结果换一八仙桥较阔之地以偿，清廷则赐赠其子孙五代儒林郎之衔，了事。五邑阴会馆特在入门左边专龛供举神主灵位。被占之地，建为天主教堂，面前名叫天主堂街。（陈惟恺：《广东省潮阳县成田乡溪东村陈氏略历》）

五邑阴会馆也称潮州五邑山庄，潮州会馆属下的义山地产，是旅沪潮州人的公共墓园。上海开埠后，五邑山庄被割入法租界内。法国人认为租界里的墓地有碍卫生，就逼迫会馆把山庄迁走。这同中国人重视先人坟山骸骨的观念尖锐对立，冲突于是激化。陈英烈是潮阳成田溪东村人。溪东村民多外出经商，旅居上海者尤多，像陈植三、陈

星帆、陈蔚南都是上海滩赫赫有名的富商。陈英烈虽然是个普通商人，上述事件跟商业行为也毫无关系，然而他的行为却能够表现出潮州商人敢于任事之“勇”的精神品格。

从沈氏父子和陈英烈的案例中，我们可以观察到，尽管这些行贸迁内外的潮州商人不再视业儒为获得自身与家族荣耀的必要手段，但他们对于以儒道为精神材料建立起来的商人伦理，却持有积极追寻并付诸实践的态度。在文化的视野里，我们不妨把这种道德实践理解为他们对儒道的倾慕。但我们更应该注意到，这种对儒道倾慕之心的发生，“是由于他们相信儒家的道理可以帮助他们经商”。（余英时：《士与中国文化》“商人与儒学”）

当然，在把民间宗教作为一种影响潮州商人文化精神的传统来理解的时候，我们不能把某一种神信仰当作民间信仰的全体。比如像韩愈崇拜会影响到商人们“忠”的观念，但“忠”作为潮商文化精神一个构成因子，并不仅仅是由韩愈崇拜而造成。就像潮州的神殿里可以安放着许多神明一样，潮商文化的某一个儒家精神因子，也可能从不同的神明崇拜中来获得。因此，我们在下面关公崇拜一节，也将谈到潮商文化的“忠”的观念。

（四）关公崇拜：对忠义和诚信的遵守

1．关公崇拜的面相变化

勇武的战神

关公开始是以战神的面貌在本地出现的。16 世纪中期以后，在长达百余年的时间里，潮州社会基本处在战争的摧残之中。就在这时，关公崇拜在本地百姓心里扎了根。

隆庆元年（1567 年），知县陈王道在北门外北城书院旧址上，建起一座“关王庙”。这座新庙的建设，有一个兵火炎炎的背景。嘉靖四十二年（1563 年）春天，倭寇大举侵入潮阳，焚掠村寨，围攻县城。潮阳官民同仇敌忾，苦苦坚守四十多天，终于等到援兵到来，强敌溃退。然而，兵燹之中，附近的民居、庙宇都被夷为平地。北门外刚建起不久的书院也烧毁了。嘉靖四十四年（1565 年），潮阳人修复曾在战争中显灵的双忠公的庙宇（林大春：《潮阳县志》卷二“县事纪"），关王庙也建造起来。地方远未安定，地方官和百姓们还祈望这位勇武的战神的保佑。

关公开始是以战神的面貌在潮州出现的。南澳岛深澳的关帝庙建于万历十一年（1583 年），原来叫"汉寿亭侯祠"。传说戚继光带兵到南澳攻打吴平，梦里得到关公的神示，打了胜仗。将士们就建了庙宇来答谢神恩。潮州商人崇拜关帝，则是因为钦慕其忠义和诚信。（陈利江摄）

万历十一年（1583 年）由副总兵于嵩建成的南澳镇城汉寿亭侯祠，与嘉靖四十四年（1565 年）的另一次大战役有更直接的关系。当时，朝廷命都督俞大猷、副总兵刘显率领舟师三万人征讨吴平。吴平逃匿南澳岛，负隅抗拒，像一只被逼急了的猛虎。两军相持了 3 个月，朝廷又命都督戚继光带着五千精锐从浙江前来支援。官兵屡次自正面进攻，都进不了深澳湾峡口。那个晚上，戚继光梦见关公对他说："如果从背后进攻，还愁不能破贼吗？"天亮了，戚继光按着关公在梦里的启示，留两千人殿后，暗中率领着另外三千人，用 3 天时间，从云盖寺奔袭深澳后山。枪炮齐发，杀声震天，奇兵从天而降。吴平大败，一个人驾着小船遁迹外洋。将士们都以为，打败吴平，多亏了关爷显灵相助，应该建祠祭祀以报答。庙宇建成，潮州同知何敢复为庙宇写了《碑记》。《碑记》说："遗像俨然，赫奕在上，使人瞻视，恍若侯怒气横戈助兵灭贼时也。"[1] 关公在南澳的将士和百姓心中是勇武的战神，只要看这座庙在乾隆和道光时重修的碑记，就清楚明白了。

① 何敢复《南澳镇城汉寿亭侯祠记》。

忠义的圣者

万历五年（1577 年）以后，潮州社会开始进入一个相对安定的时期。与明神宗（万历皇帝）对关羽的推崇相对应，这时潮州开始有官员百姓倡议创建关帝庙。

万历二十九年（1601 年），揭阳县知县何景宪在县城北门外兴建关帝庙。万历三十三年（1605 年），惠来关帝庙由城里的百姓方天福等捐资，建在县城西关中街。后来，知县游之光又重加修葺。崇祯六年（1633 年），普宁知县杨大行也在县治西建了关帝庙。

清代的帝王更推崇关公，历朝加封，并要求地方官建祠造像，岁时按礼祭祀。上有行之，下有效之，潮州官建的关帝庙又有所增加。

顺治六年（1649 年），潮州总兵郝尚久在郡东韩山之麓兴建关圣帝庙。澄海县南门内也建了庙，兴建的具体时间不清楚，应该是在康熙三年（1664 年）澄海迁界以前。迁界期间，庙宇碑拆毁，到了康熙二十一年（1682 年）才由水师副将王训重建。丰顺县南门内的关帝庙，则是康熙四年（1665 年）由总兵吴六奇创建。潮州府城一直没建关帝庙。直到雍正皇帝诏封关帝父祖三代为公爵，要求地方有司，春秋致祭，载存祀典，才在保善坊兴工建庙。雍正十年（1732 年），庙成立碑，碑上署名的有道台、知府到知县各级官员。

由于不少庙宇都有碑记留下来，我们可以了解到，与战争时期相比，关公崇拜的内容正在慢慢地改变。

郝尚久在《潮州溪东关圣帝庙碑记》中的记述，显示了这种变化。这时战争还没有结束，韩山麓的这座庙宇还是从战场上移来的。《碑记》记载：

> 后之君子，顾瞻庙庭，即当计靖乱安民，思所以垂不朽者，尊而敬之，更求而光大之可也。

所谓“当计靖乱安民”者，还是把关帝当作战神崇奉。《碑记》又载：

> 关圣有言：日在天之上，心在人之中。迄今天下学士大夫，以至妇女孺子，类能尊而敬之。盖精诚所郁，金石矢坚，历始卒如新者，总不以间关废兄弟，不以离乱废君臣；此其所以英雄直诣圣贤，亘古

而犹神也。

所谓“不以间关废兄弟，不以离乱废君臣”，则已经把“义”与“忠”的道德标准提出来，并指出那是达到圣贤境界的途径。但是，在郝尚久心中，却并未曾真正把“忠”落实到“君臣”之上，也未曾把“义”落实到“兄弟”之上。他终于叛乱，着迷于巫鬼而众叛亲离，最后自杀身死。

等到潮州城里的关帝庙建成，天下已经安定。官府对关公的崇拜，空前隆重。民间的关公崇拜，也空前流行。正如《新建保善坊武庙暨田地碑记》所说：“今天下畿甸郡县，薄海内外穷村绝域，无贵贱智愚贤不肖，皆庙祀关夫子。”《碑记》里“忠义”作为关公崇拜最重要的内涵，被官师们正面提出来了。施教的对象是从绅士到庶民的民间百姓，官师们当然也应该做出个榜样：

> 我潮官绅士庶，今而后进入庙堂，瞻仰仪象，当学其立心行事，忠肝义胆，刻刻以君父国家为怀……

这大抵是官府推行关公崇拜的普遍目的。在官方意识里，“忠义”必须是指向“君父国家”的。

从潮汕的历史看，朝廷的这种目的并没有达到。雍正以后，潮州社会经济虽然有比较好的发展，社会秩序却很不稳定。宗族控制着基层社会生活，会党活动在地下潜行。分类械斗，抗粮抗官，愈演愈烈。这时候，民间关帝庙林立，“忠义”观念深入人心。忠肝义胆，执事勤敬，令人钦服；寡廉鲜耻，朝三暮四，被人鄙弃。然而，在民间观念里，“忠义”的取向，并不专在“君父国家”，而在日常生活的方方面面。

福佑村落的神明

在乡村社会，关公崇拜的功能，与其他神信仰没有太大的区别。除了日常对信众的种种福佑之外，主要的功能在于系连社区的整合和团结。

先看一个大型社区的例子。隆澳是南澳岛四个大澳之一。雍正年间，隆澳前江建起了关帝庙。庙宇创建的细节现在已经不清楚。但可以知道，这座庙宇的关帝是隆澳十三乡乡民共同祭祀的神明，每年正

月十八，关帝要到这十三乡各个村落巡境。因为是共同崇祀的神明，这些乡村之间若有摩擦，也就可以借神明求得解决。潮汕游神的风气很盛。大社区联合游神，小村落崇奉的神明也在村落范围内出游。除隆澳十三乡外，又有山顶乡和山边乡。这两乡的神明，原来都在正月十六日出游，如果遇到风雨天，日期就会后延。因为两乡比邻，游行路线有一个地方是交叉的。早先，在这一个大家都必经之处，两支游神队伍相遇之时，那些血气方刚的年轻人互不相让，争先向前，不免因此滋生事端。到同治七年（1868 年），两乡衿耆一齐来到前江关帝庙帝君座前，谋求解决矛盾的方法。衿耆决定把两乡游神的日期，改成正月十六、十七前后两日，就在关帝面前焚香拈阄，定下前后轮流次序，并盟誓“嗣后不得逾约争先，致伤和气。违者议罚大戏四台”。这个在关帝面前立下的盟约，一直被两乡共同遵守。

再举一个村落的例子。澄海外砂镇蓬中乡有座关帝庙，创自前明，迁海期间大概也毁废了。康熙四十九年（1710 年）重修，到嘉庆二十四年（1819 年）已经差不多过了两个甲子，栋宇垣墉颓圮日甚。在谢姓乡人建议下，全乡踊跃乐捐，重建庙宇。这个村落是个多姓村，姓氏很杂，王、谢是两个大姓，还有李、郑、高、林、黄、陈、郑、卢、蔡、孙、尤、蒋、洪等十多个姓。从《重建武庙碑记》的题名看，各姓都以祖先的名义捐了款。关公崇拜显然有益于村落的统合。值得注意的是，村民们对关公的崇拜，既不因为其勇武，也不因为其忠义，只因为神明能够福佑于人。《碑记》在对赫奕的庙貌作了一番描写之后，大概自认为神明一定会很满意，于是说：“神弥赐福于人者，宁有涯哉？”

老百姓对关公崇拜的内容的理解，与官员们其实不太一样。

2. 潮商关公崇拜的观念投射

前面已经指出，在把民间信仰作为一种影响潮州商人文化精神的传统来理解的时候，我们不能把某一种神信仰当作民间信仰的全体。比如把“忠”作为潮商文化精神的一个构成因子，它可能来自儒家教育、民间文艺熏陶，也可能从不同的神明崇拜中获得。

实际上，我们很难举出例子来论证潮州商人在关公崇拜中直接受到什么影响。关公是一个受到所有人尊崇的神，潮汕有很多关公庙，商人们可能是一些庙宇修造的主要资助者，但没有哪一座庙宇是专为商人祭祀而建造的。跟韩文公崇拜一样，商人专祀的唯一例证，是苏州的潮州会馆。那么，像我们在韩愈崇拜一节所分析的那样，对这位神明的崇奉，寄托的还是潮州商人对儒家道德理想的倾慕。不过，这种倾慕最终铸造了潮州商人的文化精神。

那么，潮州商人的关公崇拜，究竟投射着什么观念呢？换句话说，关公崇拜能够带给潮州商人什么样的文化精神？

忠义

道光十九年（1839 年），在上海经商的潮阳、惠来两县商人，建起了“潮惠会馆”，有《创建潮惠会馆碑记》保留下来。《碑记》里有一段话，讲到会馆的结构：

> 为堂二，于其前祀天妃，后之堂为楼，以祀关帝，其左右祀财星、双忠。春秋报赛，廛市机宜，众商以时会集楼下，雍雍济济，迓神庥而敦梓好者，又在于是矣。

由上可知，会馆崇祀的神明，除了天妃、关帝外，还有“双忠”、“财星”。“双忠”是张巡和许远，潮阳人把他们视为乡土保护神。“财星”是财神和魁星，会馆是绅商共建的，绅士要升官，商人要发财，各有自己信奉的神明。那么，商人们为什么如此恭敬地奉祀关帝呢？《碑记》很明白地告诉我们，那是因为“仰承高义”。

关公崇拜给商人和商业社会带来“忠义”观念，可能是最容易见到的一点。李亦园先生谈论台湾移民社会的商业化和市镇里关公崇拜的普遍之间的关系时这样说：

> 台湾早期的移民在定居建立田地并发展水利之后，移殖的社会逐渐稳定下来，总人口也跟着逐年增加，城镇市集也逐渐出现，而随之而来的就是商业贸易的频繁，到这时候一个正常定居而有所发展的社会于是建立了。在一个移殖而初定居下来的社会中，人际间关系网络的建立，特别是在商业性的相互交往之间，极需一种讲信用重义气的象征作为行为的准则，此时关公的崇拜就突显出来了。关羽原是一个武神，但民间因受《三国演义》小说的影响，就转化为讲信义的神，尤其在商人阶级的社会里，关公的崇拜更为普遍，经常有规模宏大的关帝庙建筑在城市里或市郊，显现出较大资本力量与城市居民的参与

到民间信仰之中，这一时代距离急遽变迁的现代化阶段已经不远了。（李亦园：《人类的视野》“台湾民间宗教及其背景”）

李先生对台湾社会的这个观察结果，也适用于潮汕社会。在这段话里，李先生讲到信义——信用和义气，没有提到忠。但是，在汉语的语境中，忠与信义是不能断然分开的。比如，明清两代对关羽的封赠，“忠义”总是排列在各种善德行的前头。其实在《三国志》里，关羽对刘备的忠心，也是被用了“义”字来赞颂的：

初，曹公壮羽为人，而察其心神无久留之意，谓张辽曰：“卿试以情问之。”既而辽以问羽。羽叹曰：“吾极知曹公待我厚，然吾受刘将军厚恩，誓以共死，不可背之。吾终不留。吾要当立效以报曹公，乃去。”辽以羽言报曹公，曹公义之。《傅子》曰：辽欲白太祖，恐太祖之杀羽。不白，非事君之道，乃叹曰：“公，君父也。羽，兄弟耳。”遂白之。太祖曰：“事君不忘其本，天下义士也。度何时能去？”辽曰：“羽受公恩，必立效报公，而后去也。”

及羽杀颜良，曹公知其必去，重加赏赐。羽尽封其所赐，拜书告辞，而奔先主于袁军。左右欲追之，曹公曰：“彼各为其主，勿追也。”臣松之以为，曹公知羽不留，而心嘉其志，去不遣追，以成其义。①

曹操以为关羽这样对刘备，是“事君不忘其本”，是“各为其主”，所以“义之”。什么是“不忘其本”呢？我们记得孔子说过，“臣事君以忠”，就明白这个“本”就是“忠”。只是到了宋代，儒家的纲常道德被理学家们绝对化以后，“忠义”就被紧紧捆绑在一起，而且专指“君臣”关系了。试想，当时曹操可能把刘备关羽之间的关系，视为君臣关系么？

况且，孔子也不专用“忠”来指“君臣”关系。他不是说“居处恭，执事敬，与人忠，虽之夷狄，不可弃也”吗？曾子不是也天天自我反省“为人谋而不忠乎”吗？可见，“忠义”是可以对任何人际关系而言的。

忠义作为小民百姓的道德理想，它被强调的是取与的得宜和承诺的兑现。这种道德观念，在潮州商人身上有很鲜明的体现。林济在

① 陈寿《三国志·蜀志·关羽传》。小字是裴松之的注。

《潮商》里，曾经举了大埔商人田锡珧、何寅初、张辅臣、陈就列和饶平商人廖世麟的例子，来说明“在潮州商人普遍的关帝崇拜背后，潮州商人已经形成一定的重义守信心理文化，并且转化为行为准则”。其实在这些例子中，唯有何寅初与债主张某之间可能有合约而存在信用关系，其他故事，都不能用作守信的例证。这些商人因为“义”受推崇，他们的“义”，只在于“明取与”——是自己该拿的，拿；不该拿的，不拿。这种品格，能帮助商人在商场上赢得信誉，因而获利也将会更多。关于潮州商人的这种“义”，还有一个更为流行的故事：

揭之棉湖，又有林氏子，好赌博，然能轻财重义。一日之河边，得遗金三百，林念此重赀关系不小，亦守以俟失主。既而失主至，系罄房屋田产典与某村富人以为生意资者。林审得实，亦返之。失主愿与平分，亦不受。失主归至家语诸其妻，妻曰：“生意最难得者，伙伴也。林，义人，盍不招之以为伴？”失主走谋，强而后可。合伙三年，所取息甚多。持三百金赠林，林曰：“是可受也。”因受之，自营业。棉湖人皆曰：“是返遗金义人也。”莫不输诚与之贸易，家亦以富。（郑昌时：《韩江闻见录》卷二“临财镜”）

棉湖林氏子可以说是非常“明取与”的人：捡来的钱是别人的，没自己的份，即便是失主有心酬谢，也不能拿；合伙做生意赚了钱，有自己一份，即便是空股，给多少钱都拿。故事的道理还不止于此。它告诉我们，林氏子的“明取与”让他博得“义人”的名声，失主夫妇把他当成生意上最难得的伙伴，里人也愿意与他做生意。林氏子因此致富。

“义”是什么？其实很简单，古人解释经书，说“义者，宜也”。宜，就是应该、合适，说话做事恰如其分。老百姓看重这种道德，潮州商人看重这种道德，岂是因为它讲究“君君臣臣”而已。做生意发了财，不能舍财，那是为富不仁。发了财，能用财，替天地惜物怜人，那就是“义”。清代中期以后，地方志的人物传，就记录了不少潮州商人的义行。以下嘉庆时《澄海县志》的例子便可佐证：

黄嘉祥，字启祥。下外人，太学生。性孝廉，好施予。四岁失怙，就学母族。因思家贫，恐母存不逮养，遂废学业贾。稍足自给，即为外祖建祠屋，为寡姐奉蒸尝，凡以娱亲志而已。其居乡也，赈荒筑堤，恒为之倡。人有负其金者，度力不能偿，即破券与之。

林中凤，字雄周。苏湾人。援例授户部云南司员外郎，在管数月卒。生平有大志，好任侠。虽由商贩起家，而赋性阔达，无龌龊之习。在琼南日，凡有亲朋告贷者，皆力助之。

陈钱瀚，下外人。少业儒，长弃学为商吴越间，以轻财好施称于时。

刘振耀，字明璧。上外人。幼聪慧能文，及长不遇，乃变业为商。居吴南濠，以疏财赴义，为人所重，一时称为长者。

陈文茂，字岱之。下外人。少贫困，长涉江湖，发奋成业。兄弟已异居，卒赖以赡其家。终身无吝。晚年捐助尤多，为当道所知。

诚信

上面说过，作为道德标准，“义”还有一种表现——“重承诺”。这种表现与“忠”也有关系。孔子说：“君子有九思：视思明，听思聪，色思温，貌思恭，言思忠，事思敬，疑思问，忿思难，见得思义。”这句话里，“忠”是跟“言”联系在一起的。什么是忠？忠就是言之由衷，敢说心里话，说话要算数。所以，孔子又说“言忠信，行笃敬，虽蛮貊之邦行矣”，说“十室之邑，必有忠信如丘者焉”，把“忠信”并举。实际上，就是要求讲“诚信”。

关羽身在曹营，心里时刻挂念刘备，那是因为先有“共死”的誓言，不可违背。曹操赞他是义士，后人说他是忠君。重要的是他言而有信，讲求“诚信”。这一点，通过神明民间宗教崇拜，内化为潮州商人的文化精神和行为准则，对潮汕商业文化的影响很大。

在贸易往来中，潮州商人坚持“唯诚与信”的经营之道，坚持不渝，以取得社会的公信度。我们谈过的潮州吴祥记，能够从摆地摊的小商贩发展成潮州首富，就是靠“不二价”的经营原则，童叟无欺，确立“诚信”的商业形象。许振声讲潮州商人讲究诚信的经营之道，有很生动的例子：

黄金首饰业售出与回收的金饰，进出同价，从经营之道这一角度看，这是示人以诚和信。但也有人认为这是与上流社会打交道的行业，

穿的是“三尺六”（长衫），着的是“一尺二”（阔裤），非诚信不可。说这种话的潜台词，就像在说穿平装衣服的中小行业，就不会那么诚信了。笔者手头有一个中小行业大诚大信的资料，请看一看。

韩江上游来的竹排（各种竹子扎成的排筏）傍岸于南门外溪边，竹类业新的一轮购销交易开始。交易方式，卖方手拿一顶尖头雨笠，买方拿住雨笠的另一边沿，各伸进一只手于雨笠之中，买卖双方都使用手势隐码，一言不发地在雨笠里比比划划，当买卖双方的两只手离开雨笠时，交易过程就算完成。

手势隐码，从一到十。伸食指表示一，伸食、中两指表示二，伸食、中、无名三指表示三，伸食指至小指表示四，五个指尖聚拢成团表示五，伸大拇指表示六，伸食指半曲表示七，大拇指和食指各向两边分开表示八，伸食指屈成勾表示九，把食指弯向大拇指成环状表示十。买卖双方所讲定的价格、数量多少，都用手势隐码表达。

这种交易，没有什么“合约”和“协议书”之类的文字，没有中间人，若有一方要悔约，另一方是没有官司可打的。但他们就是信守，全行业中从来没有发生过悔约的事，都是如约履行。这是一个知诚信、守商业道德的行业。[1]

像这种没有书面“合约”，甚至没有中间人的交易，并不仅仅见于竹类业，可以说是传统潮州商业贸易的通行惯例。饶宗颐先生总纂的《潮州志》里，就有这样的一段夹叙夹议的记载：

畴昔潮州民风淳厚，贸易专尚信用，不重手续。晚近渐趋浇离，商场信用，保持至抗战期间，始告泯灭。在信用未堕时期，市上商人一经口头应诺，虽转瞬市情丕变，至于倾家荡产，亦皆履行诺约，不甘食言。汕头与内地货物买卖，一经船夫、路脚，或过往熟人之传言，谓某需要若干某货，即如额付与，然后依期凭账收款，收货人绝不以其无据而拒账。其或收货人倒闭，则由债权人清抄财产，任从追偿，不敢否认债务。潮州稍具信誉之商人，既有金融界之信用放款，又得买卖货物之赊账，故往往有极大之经营，而赖乎信用者十之六七，赖乎资本者十之二三，所谓潮人能以小资本经营大商业者，实基于此。

---

① 许振声．潮州城私营工商业的经营之道．潮州文史资料．2004．24

至赊账之风，大概于抗战发生、地方失陷之时起，反潮而上，逐年加盛。不特批发可赊，却零售亦多可赊；同一地方内可赊，不同一地方亦可赊。甚而汕头至香港、上海购办，以及海外各港与汕头之托办、托兑，亦得以赊账行之。故潮谚有“无赊不成商”之语。（饶宗颐：《潮州志·实业志六·商业》）

赊账是在熟人之间进行的。我们前面用了民间宗教“许愿还神”的风俗来解释这种行业惯例形成的基础。现在，可以更进一步说，赊账惯例能够通行，主要倚赖于忠义、诚信一类道德的支持。而这类传统道德能够化为潮州商人的文化精神和行为准则，民间宗教崇拜起着很大的作用。

明白了这一点，对《潮州志》上“赊账之风，大概于抗战发生、地方失陷之时起，反潮而上，逐年加盛”这句话，大概就可以会心微笑。近些年，大家曾经花了很大力气来讨论潮汕商人的“诚信”问题，却不去理会作为一种传统道德，“诚信”观的确立和流行，其实还需要更大更深刻的文化力量在背后支持。一个多世纪来，欧风美雨卷入中国，咆哮汹涌，其势愈来愈猛烈，摧枯拉朽般涤荡着传统思想文化。社会变迁，思想更新，文化重构，在这种种冲击之下，民间宗教已经面目全非。以民间宗教作为精神和心理支柱的传统“诚信”观，还有可能重新确立吗？

（五）儒家道德与潮州商帮文化精神

讲到这里，我们可以对韩愈崇拜和关羽崇拜这两节中讨论的儒家道德与潮州商帮文化精神的问题稍作总结了。

我们说，通过这两种民间宗教信仰，一些传统儒家道德，诸如忠、义、仁、勇、诚、信等，内化为潮州商帮的文化精神，并进一步成为指导他们行为的准则。但是，要注意两点：一个是大背景问题。商人与儒者界限的融混，以及商人吸收儒家伦理，形成自己的文化精神来指导商业行为，是在16—18世纪的整个中国社会中发生的。潮商对韩愈和关羽的崇拜也在这一时期开始。他们的聪明之处在于从本土原有的宗教偶像中去取材，间接吸收儒家伦理，来构建“为商之道”。另一个要注意的问题是，这类“商道”、商人伦理只是讲一般常态，而且只是放在传统社会中去论述。对新时期的某些潮汕商人的欺诈行为，则应该从新规范的要求与旧习惯的自律之间的矛盾来进行理解和分析。

最后，借用余英时先生的一段话来结束这一部分：

> 至少到今天为止，言行完全一致在任何社会、任何时代都还没有存在过。而言行完全相反或基本上背道而驰则是社会秩序即将或正在崩溃的象征。以十六至十八世纪的中国社会而言，商人阶层正处在上升发展的阶段，因此当时流行的商业道德对他们大体上确是发挥了约束的作用的。明清商人中虽有欺诈之事，如明末《杜骗新书》之所示，却不足以否定商业伦理的存在。十六七世纪的欧洲和英国商人又岂能人人都依新教伦理而行，全无欺诈之事？即以今天的情形而言，我们也不能因为有经济犯罪的现象而否认经济世界中仍受某种伦理规范的支配。事实上，“欺骗”或“犯罪”正是相对于某种公认的“规范”才能成立的概念。因此以下仅在客观地刻画出一般的常态，绝不是美化传统的商人，说他们人人都遵守商业道德。特声明于此，以免读者误会。（余英时：《士与中国文化》“中国近世宗教伦理与商人精神”）

八、无限遐思

笔者准备把《潮州商帮》写到这里。在杀青之前，笔者再将自己的思路梳理了一遍，也许可以帮助读者理解读过的内容。

在第一部分，笔者先给诸位讲了潮汕的地理环境。它是潮州商帮兴起的必要条件。“靠山吃山，靠海吃海”本来是人类生存的常态。潮汕的地理位置，使它的居民可以更加方便地利用季风和海流，南来北往。海上贸易因此很早发生。

第二到第五部分的内容，是介绍潮州商帮的历史。从地方商业传统的发生到潮州商帮的形成，整场剧都在中国历史的大舞台上演。来自北方的移民，带来了中原文化传统，要把潮汕塑造成农业社会；本地的旧主人，依然在山海之间漂移，贸易是他们赖以为生的重要手段。两种文化之间的恩恩怨怨，成为这出戏的主要情节。国家实行海禁，海上商贸活动却如常进行，对抗因而发生，动刀动枪，商人也成了盗贼。海禁一旦放松，海上又恢复了平静，商贸活动形塑着本地的社会生活。许多潮汕人从事小商业，天赋、拼搏和运气造就了一些大商人。声气相通，习俗相同，是这些大小商人之间天然的信用纽带。赊借的惯例，使放盘商和零售商更紧密地系连。潮州商帮就这样出现。

第六、七部分，笔者的讲述指向潮州商帮文化。商帮是一个以商人为主体的社群。从会党、庙宇到会馆，一个以地缘关系为基础、以商人为主体的社群集结起来。潮州会馆制度的变化，反映了潮州商帮文化的现代化进程。祭祀是会馆的重要活动。神明崇拜塑造出商帮的精神文化。潮汕商人的妈祖、韩愈和关帝的神信仰，培养了潮州商帮团结、信义和慈悲的文化精神，并进而左右他们的日常行为。

原来计划中有“潮州商帮与潮汕文化”一节，想介绍潮汕商人们对潮汕文化发展的贡献，比如商业圈与潮菜和工夫茶影响力的扩展，商人的地位和财力如何催生出华丽的潮汕乡土建筑和精湛的装饰工艺等。在键盘上敲打了一阵之后，觉得如此一来，潮汕文化成了讲述的主体，而商人反居于次位。而潮汕文化的内容在本丛书中另有分册专论，毋庸在这里重复。于是改变主意，将这一部分换成图像。出版社计划把这套书做成图文书，要求每部书稿同时提供 80 ~ 100 幅插图。笔者想，图像本来可以是独立的叙事单位，与其让插图附庸于书稿，不如让它自成一统，用图像再讲讲潮州商帮的故事。

主意已定，《潮州商帮》如愿完成。

但是，潮州商帮的故事没有结束。笔者的写作计划，将书稿的内容限定于传统时代，最后还是越界，谈到国际潮团联谊年会。实际上，2005 年开始，潮汕商人又有了自己松散的组织形态——潮商大会。笔者说潮商大会是一种组织形态，因为它已经有了制度：两年举行一次。在汕头、南京、北京、上海举行了四届。最近读到第四届潮商大会的报道，又感觉到它正在形成实质性的目标，让大会带来商机，也让大会传承文化。[①] 报道撩起我无限的遐思：潮商，这个有着悠久历史和传统的商帮，有了文化的接续，有了经济的廓张，它的前景会是怎样的辉煌？

希望读完这本书，也会带给诸位这样的无限遐思。

到了康熙后期，开始发达的潮州商人，借助财力，大兴土木，在故里建起大厝。这些建筑，改变了本地的人文景观，成为本地社会转型的表象。永宁寨的建设也许是这种转变的开始。举人陈廷光的父亲是一位糖商，陈廷光离开官场以后，继承父业，把家族生意做得更大，于是有了这座村寨的建造。（蔡海松摄）

---

① 张红．第四届潮商大会——潮商乡情暖黄浦．人民日报海外版，2010－11－16（第 6 版）

东里寨在今天汕头市潮南区陇田镇，建于清乾隆二十八年（1763 年）。这是一座规整的围寨，呈正方形，四边寨墙长 112 米，厚 0.7 米。寨内侧倚围墙建有平房，房顶有跑道可通。围墙四个角落建有更楼，构成一个完整的防卫系统。这座小型围寨占地 12 544 平方米。正对着寨门，是一座两进三落的祠堂。这是东里郑氏的家庙。以家庙为中心，由 3 街 6 巷，分割出 26 座独立的庭院，排列整齐划一。传说寨子是当地富商郑毓琮的孙子们建造的。郑毓琮白手起家，航海致富。他的儿子郑乃宾却是富贵命，年轻时不用跟着父亲奔波操劳，就有享受不完的荣华。郑毓琮老了，孙子们也长大，都能继承他的事业，把生意做得更大。孙辈六兄弟发财后，广置田园，并在乾隆二十八年（1763 年）开始营建东里寨。这时，郑毓琮去世已经 24 年。

榕城陈泰兴的大房子，“泰兴”是揭阳糖商陈秋启的商号。陈秋启出生于乾隆三十三年（1768 年），光绪《揭阳县续志》上有他的传记。因为以勤俭起家，到了 50 岁左右才成巨富，于是，傍着城里的小河汉，建了这座大房子。他的儿子陈瑞芝，就是那位带着潮州义士与太平军作战、死守梧州的知府。

普宁侨乡村落。同治以后，朝廷改变对海外侨民的态度。许多华侨富商从南洋挟巨资回到潮汕，建祠堂、起大厝、招集宗亲聚居，在传统乡土社会中建构起自己的势力。乡村聚落景观完全改变，规划良好、装饰华美的成片民居出现在人们的视野中，在最具有商业传统的澄海、普宁两县尤为突出，潮汕社会由此完成了向侨乡的转型。（蔡海松摄）

澄海隆都上北村“七落”大厝，是七位旅泰同乡一起回来建造的。（蔡海松摄）

南盛里的主体建筑“锡庆堂”。南盛里是樟林古港现在还保护得比较好的一处住宅群。老人们说，这处建筑群占地 80 多亩，四面环水，东边有一道防潮堤，自成一个聚落，共有大小房子 70 多座，671 个房间，还有两个花园，一个书斋。住宅群是华侨蓝金生兴建的。蓝金生也是个传奇人物。他出身穷苦，成年后出洋去新加坡谋生，从经营日杂小店开始，慢慢做大，开始做船运生意。到清末民初，已经成为潮汕屈指可数的富豪。南盛里从 1900 年开始兴建，到 1917 年竣工，这时蓝金生已经去世 5 年。这个住宅群的建筑，既继承了潮汕民居的传统，又有西方的设计元素，并使用西方建筑材料，体现了那个时代侨房建筑的特色。（蔡海松摄）

陈慈黉故居是潮汕大型的民居宅院中最有代表性的一座。陈慈黉（1843—1921 年），早年随父亲经营红头船，后来自己在泰国创立黉利栈，做起出入口贸易和火砻业，成为泰国最重要的火砻业主之一。陈慈黉的子孙又将业务发展到新加坡、香港和汕头等地，至今仍然十分发达，是著名的华裔家族。陈慈黉晚年归梓，开始兴建居舍，子媳相承，从清末至抗战前，建成“郎中第”、“寿康里”、“善居室”三座宅院和“三庐”书斋。四座房子连成一片，占地 25 400 平方米，建筑面积 16 000 平方米，有大小厅房 506 间。其中以“善居室”最具特色。“善居室”采用中西结合的建筑形式。整座宅院采用潮汕民间传统建筑“驷马拖车”结构。正座前面有一小广场，广场两边是“龙虎门”。整座宅院外围又建起二层洋式楼房，形成一个完整的独立结构。建筑物的装饰中西合璧，别具风格。陈慈黉故居对研究潮汕民间建筑及其演变，具有很高的价值。（蔡海松摄）

己略黄公祠以木雕装饰精美著称。由于资料欠缺，我们对己略黄公祠建造人的身份不能确知。据温仲和《己略黄公祠堂颂》载，这是一位经营成功的商人，“富拟程卓，名齐渊骞”，好行善。子孙或继续经商，或进学读书，继成家业，就建了这座祠堂来祭祀他。因为工艺的精美，己略黄公祠现已被认定为全国文物保护单位。祠堂的木雕也有很多日常生活的图像。这是祠堂门厅左侧柱头雀替的木雕，处在画面焦点上的是两个壮汉，赤膊挥拳，作打斗状。右上角楼台上，是戴着巾帽的两个城里的斯文人。左边，戴斗笠、穿着花团锦簇上衣的，应是乡下的富人：地主或者开只小店的老板。这三个人正用一种无所谓的甚至观赏的目光，注视着这两个壮汉。明代中期以后持久而激烈的社会动荡，养成了潮州人犷悍的民性和尚武的风气，争强打斗的事故经常发生。见多不怪，对路人的打斗拼命，旁人也会用一种事不关己的态度来看待。

己略黄公祠中有一块很值得关注的木雕。此木雕应该是戏曲《法门寺》的一个场面，图片正面建筑物挂着“法云寺”的牌匾，法云寺是法门寺的另一个名字。木雕一共有7个人物，除了角落里坐着的囚犯外，刘瑾的跋扈、贾桂的逢迎、宋国士为申冤仔细诉说、赵知县要结案心急如焚和两个差人公事公办毫无表情的神态，都表现得十分生动。更值得关注的是，《法门寺》在北方戏曲里很出名，京剧、秦腔、梆子戏都久演不衰，可是本地戏却未见这出戏。那么，这块木雕是依据什么来创作的呢？在潮汕的工艺史和戏曲史方面，还有多少未破解的谜？

梅祖家祠，位于广东潮阳谷饶深洋村，潮阳旅沪富商陈梅生所建。陈梅生早年在汕头做“柿饼行”，稍后到上海经商，发了大财，于1921年回乡购地筹建“梅康里”。1924年动工兴建，到1929年陈梅生去世，尚未建成。他的儿子陈祖武继续营造，到1934年前后历经10年时间，建成居中的梅祖家祠和左侧的两座四点金、两座下山虎，还有祠前大灰埕、照壁、花园等附属建筑。右侧对应的四栋宅院，没有按规划建起来。梅祖家祠最值得称道的是它的石雕工艺。第一进建筑除两面山墙外，全部用花岗岩石结构件砌筑，仿木构造用卯榫连接和紧固，形成了一个非常坚固的石结构。石雕饰件没有从熙公祠那样精巧，但是石梁石柱却要比从熙公祠中规中矩。整座祠堂也显得更加大气。（蔡海松摄）

亲仁里位于普宁燎原镇泥沟乡亭脚，旅泰华侨张声书所建。张声书17岁到泰国谋生。起初在老乡的行铺当伙计，后来自己做点小生意。因为张声书忠厚老实、讲信用，生意上的伙伴都信赖他，事业也顺利发展，成了大火砻主，富甲一方。1939年回乡兴建“亲仁里”，到1941年竣工。亲仁里坐南朝北，占地4 000平方米，靠西是家祠，二进，天井两侧有通廊。东边一座四点金，后面是两座下山虎。家祠西侧地场不足，未能建房，只好辟作花园。（蔡海松摄）

亲仁里是典型的潮汕传统民居建筑，采用潮汕传统民间工艺装饰。因为兴建年代较晚，又是私宅，保护得很好，各种工艺装饰基本没有被破坏。特别是屋脊上的嵌瓷作品，完整如新，甚为难得。（蔡海松摄）

西园是潮阳富商萧钦的私家宅园。萧钦原来是个摆地摊的小贩，后来到汕头开了家木器店。因为某种机缘，成为买办资本家。光绪十八年（1892 年），成立汕潮揭轮船公司。又与人合资，开设怡和庄银号、华资卷烟厂、榨油厂等。后复独资 20 万，购得汕头基督教浸信会礼拜堂左右海滩地，续建至安、怡安、阜安、镇邦等街道下段直至海解内街的楼房、仓库等，成为汕头有名的房地产开发商。（蔡海松摄）

西园始建于光绪二十四年（1898 年），宣统元年（1909 年）竣工。这是一处带着很多西方建筑元素的中国传统园林建筑。原先，进门的庭院被水池占去大半，对门另一侧，水池上有重檐六角亭台。庭院左侧是两层小洋楼，右侧是书斋。书斋布局紧凑，南面是中式建筑的水阁，北面依墙壁垒叠假山，峰峦洞穴之间，有琴台棋盘可以流连。中间是一潭池水。假山一侧，与池水相隔，镶嵌着一块大玻璃，可以仰望潭中碧波游鱼，别有一番情趣。这种设计手法，已经不同于传统园林。西园的设计，体现了受西方影响的潮汕商人的观念和审美情趣。（蔡海松摄）

莼园是著名潮籍学者饶宗颐先生的故居。选堂先生祖上在潮州府城经营米业，到他祖父生意做大了，成为府城屈指可数的富商。选堂先生的父亲饶锷先生是个大学生，继承家业后，经营钱庄，在潮州府城也是个有头有脸的大商人。1931 年，饶锷先生在潮州府城上东平路兴建了莼园。这是一座园林式宅第。它的格局和建筑风格，表现出饶锷先生既是商人，更是学者的特点。居室之后建书斋，在潮汕古建筑中并非少见，像莼园这样有一个藏书楼“天啸楼”的却不多。而在“天啸楼”的东面和北面，又设计了一个小小园林，一泓池水，几堆石山，小径曲桥，亭阁翼然。四周围以高墙，园内可以读书，可以著述，颇有隐于闹市的趣味。莼园的建筑，就是饶锷先生的襟抱。（蔡海松摄）

参考文献

一、专著

1. 今人著述

[英] 巴素．马来亚华侨史．刘前度译．槟榔屿：《光华日报》有限公司，1950

[日] 滨下武志．近代中国的国际契机——朝贡贸易体系与近代亚洲经济圈．朱荫贵译．北京：中国社会科学出版社，1999

[美] 韩森．变迁之神：南宋时期的民间信仰．包伟民译．杭州：浙江人民出版社，1999

[日] 三上次男．陶瓷之路：东西文明接触点的探索．胡德芬译．天津：天津人民出版社，1983

[日] 田中健夫．倭寇：海上历史．杨翰球译．武汉：武汉大学出版社，1987

蔡志祥．许舒博士所藏商业及土地契约文书·干泰隆文书（一）·潮汕地区土地契约文书．东京：东京大学东洋文化研究所，1995

陈春声．市场机制与社会变迁——十八世纪广东米价分析．广州：中山大学出版社，1992

陈达．南洋华侨与闽南社会．上海：商务印书馆，1939

陈学霖．明代人物与史料．香港：香港中文大学出版社，2001

广东省博物馆．潮州笔架山宋代窑址发掘报告．北京：文物出版社，1981

郭绪印．老上海的同乡团体．上海：上海人民出版社，2003

潘醒农．潮侨溯源集．美国新泽西州：八方文化企业公司，1993

何炳棣．中国会馆史论．台北：学生书局，1966
黄启臣．黄启臣文集．香港：公元出版社，2003
黄挺，陈占山．潮汕史（上册）．广州：广东人民出版社，2001
黄挺．潮汕文化源流．广州：广东高等教育出版社，1997
黄挺．潮商文化．北京：华文出版社，2007
黄挺．饶宗颐潮汕地方史论集．汕头：汕头大学出版社，1996
饶宗颐．选堂集林（史林）．香港：中华书局，1982
全汉升．中国行会制度史．台北：食货出版社有限公司，1986
李炳炎．宋代笔架山潮州窑．汕头：汕头大学出版社，2004
李金．明代海外贸易史．北京：中国社会科学出版社，1990
李亦园．人类的视野．上海：上海文艺出版社，1996
李亦园．宗教与神话．桂林：广西师范大学出版社，2004
廖迪生．香港天后崇拜．香港：三联书店，2000
林济．潮商．武汉：华中科技大学出版社，2001
林悟殊．泰国大峰祖师崇拜与华侨报德善堂研究．台北：淑馨出版社，1996
刘继宣，束世澂．中华民族拓殖南洋史．南京：国立编译馆，1934
沈启绵．潮州纪略．潮州：潮州市名城办，1991
泰国朱拉隆功大学亚洲研究所，中山大学东南亚研究所．泰国潮州人及其故乡潮汕地区·第一阶段（1767—1850 年）．曼谷：朱拉隆功大学亚洲研究所，1991
唐力行．商人与中国近代社会．香港：中华书局，1995
万明．中葡早期关系史．北京：社会科学文献出版社，2001
王灿炽．王灿炽史志论文集．北京：燕山出版社，1991
吴元黎，吴春熙．海外华人与东南亚的经济发展．台北：中正书局，1985
萧冠英．六十年来之岭东纪略．广州：培英印务公司，1925
余流等．潮汕熟语俗典．汕头：汕头大学出版社，1993
余英时．士与中国文化．上海：上海人民出版社，1987
周昭京．潮州会馆史话．上海：上海古籍出版社，1995
郑振满．明清福建家族组织与社会变迁．长沙：湖南教育出版社，1992

2. 古籍

陈子龙等辑. 明经世文编. 北京：中华书局，1987

顾炎武. 天下郡国利病书（四部丛刊三编本）. 上海：上海书店，1985

韩愈撰，马通伯森校注. 韩昌黎文集校注. 香港：中华书局，1972

洪迈. 夷坚志. 北京：中华书局，1981

侯继高. 全浙兵制附日本风土记. 济南：齐鲁书社，1995

胡宗宪. 筹海图编（文渊阁四库全书本）. 上海：上海古籍出版社，1987

黄蟾桂. 立雪山房文集. 旧抄本，澄海博物馆藏

黄宗羲. 明文海（文渊阁四库全书本）

昆岗. 清会典事例. 北京：中华书局，1991

李贽. 焚书. 北京：中华书局，1974

刘克庄. 后村先生大全集（四部丛刊初编本）. 上海：商务印书馆，1936

苏轼. 东坡全集（文渊阁四库全书本）. 上海：上海古籍出版社，1987

汪大渊撰，苏继庼校释. 岛夷志略校释. 北京：中华书局，1981

王石鹏. 台湾三字经. 台湾银行经济研究室，1900，1962，1996

王锡祺. 小方壶斋舆地丛钞. 杭州：杭州古籍书店，1985

王圻. 续文献通考（元明史料丛编本）. 台湾：文海出版社，1976

谢杰. 虔台倭纂. 中国野史集成. 成都：巴蜀书社，2000

夏燮. 明通鉴. 上海：上海古籍出版社，1990

徐应秋. 玉芝堂谈荟（文渊阁四库全书本）. 上海：上海古籍出版社，1987

俞大猷. 洗海近事（四库全书存目丛书本）. 济南：齐鲁书社，1997

郑昌时. 韩江闻见录（道光四年刊本）

郑若曾. 郑开阳杂著（文渊阁四库全书本）. 上海：上海古籍出版社，1987

朱国祯. 皇明史概（元明史料丛编本）. 台湾：文海出版社，1988

祝允明．前闻记（纪录汇编本）．北京：中华全国图书馆缩微复制中心，1994

二十五史．上海：上海古籍出版社，1986

元明史料丛编．台湾：文海出版社，1976

明实录．上海：上海古籍出版社，1983

清实录．北京：中华书局，1986

皇清职贡图（文渊阁四库全书本）．上海：上海古籍出版社，1987

二、地方志、族谱、资料集

1．地方志

庵埠志编纂办公室．庵埠志．北京：新华出版社，1990

彩塘镇志办公室．彩塘镇志．1992

蔡英豪．澄海县文物志．澄海：澄海县博物馆，1987

潮州市浮洋镇志编纂办公室．浮洋镇志．1988

陈天资．东里志（古瀛志乘丛编本）．潮州：潮州市地方志办公室，2004

陈淑均．噶玛兰厅志．道光二十年（1840 年）撰，咸丰二年（1852 年）补订付刊

陈树芝．（雍正）揭阳县志（古瀛志乘丛编本）．潮州：潮州市地方志办公室，2003

范咸．重修台湾府志（乾隆十二年刊本）

高拱干．台湾府志（台湾方志集成本）．台北：宗青图书出版有限公司，1995

郭棐．（万历）广东通志．济南：齐鲁书社，1996

郭春震．（嘉靖）潮州府志（稀见中国地方志汇刊本）．北京：中国书店，1992

郭子章．潮中杂记．香港：香港潮州商会，1993 年影印明万历十三年（1585 年）刊本

李书吉．（嘉庆）澄海县志（道光间增补重印本）

李星辉．揭阳县续志（光绪十六年刊本）

林大春．（隆庆）潮阳县志（天一阁藏明代地方志选刊本）．上海：上海书店，1963

刘良璧. 重修福建台湾府志（乾隆五年刊本）
刘业勤.（乾隆）揭阳县志（中国方志丛书本）. 台湾：成文出版社，1967
姜顺蛟. 吴县志（苏州博物馆藏乾隆十年刊本）
南澳县文物普查办公室编. 南澳县文物志. 1985
宁时文.（雍正）澄海县志（澄海县地方志办公室誊印本）. 1997
齐翀.（乾隆）南澳志（乾隆四十八年刻本）
饶宗颐. 潮州志. 汕头：潮州修志馆，1949
阮元.（道光）广东通志. 上海：上海古籍出版社，1990
阮以临.（万历）普宁县志略（普宁县方志办誊印旧抄本）. 誊印时间不详
王岱.（康熙）澄海县志（康熙二十五年刻本）
王必昌.（嘉庆）重修台湾县志（台湾方志集成本）. 台北：宗青图书出版有限公司，1995
王瑛曾. 重修凤山县志（乾隆二十九年刊本）
王崧.（光绪）揭阳县续志（中国方志丛书本）. 台湾：成文出版社，1967
吴颖.（顺治）潮州府志（影印本）. 广州：广东人民出版社，1996年影印本
吴道镕.（光绪）海阳县志（中国方志丛书本）. 台湾：成文出版社，1967
萧麟趾.（乾隆）普宁县志（古瀛志乘丛编本）. 潮州：潮州市地方志办公室，2007
谢逸. 潮州市文物志. 潮州：潮州市博物馆，1985
谢金銮.（嘉庆）续修台湾县志（台湾方志集成本）. 台北：宗青图书出版有限公司，1995
周恒重.（光绪）潮阳县志（中国方志丛书本）. 台湾：成文出版社，1967
张玿美.（雍正）惠来县志（古瀛志乘丛编本）. 潮州：潮州市地方志办公室，2007
张宗仪等主编. 揭阳文物志. 揭阳：揭阳县博物馆，1986
周凯.（道光）厦门志. 厦门：鹭江出版社，1996

周硕勋．（乾隆）潮州府志（中国方志丛书本）．台湾：成文出版社，1967

周元文．重修台湾府志（康熙五十一年刊本）

祝穆．宋本方舆胜览．上海：上海古籍出版社，1991

陈汝咸．（康熙）漳浦县志（中国方志丛书本）．台湾：成文出版社，1967

2．族谱

陈惟恺．广东省潮阳县成田乡溪东村陈氏略历

陈祖厚．陈世文康公族谱（稿本）．1932

陈作畅，陈璇珠．前美陈氏慧先公族谱（打字誊印本）．1991

富沙王氏族谱（旧抄本）

龙湖黄氏族谱（旧抄本）

龙江蔡氏家谱（旧抄誊印本）

鸥汀王氏族谱（清季抄本）

3．资料集

江苏省博物馆．江苏省明清以来碑刻资料选集．北京：三联书店，1959

蒋维锬．妈祖文献资料．福州：福建人民出版社，1990

潘醒农．新加坡潮州八邑会馆金禧纪念刊．新加坡：新加坡潮州八邑会馆，1980

彭泽益．中国近代手工业史资料（1840—1949 年）．北京：三联书店，1957

彭泽益．中国工商行会史料集（上、下）．北京：三联书店，1995

聂宝璋．中国近代航运史资料（第一辑）．上海：上海人民出版社，1983

［马］南方学院华人族群与文化研究中心．潮人拓殖柔佛原始资料汇编．柔佛：南方学院，2003

汕头市政协学习和文史委员会．樟林古港．香港：天马出版有限公司，2004

上海博物馆图书资料室．上海碑刻资料选辑．上海：上海人民出

版社，1981

谢雪影．汕头指南．汕头：时事通讯社，1947

张兆和等．越南胡志明市宗教碑刻资料汇编·义安会馆碑记（未刊稿）

中国第一历史档案馆．康熙朝汉文朱批奏折汇编．北京：档案出版社，1984

中国海关学会汕头海关小组等．潮海关史料汇编．内部刊行．1988

泰国潮州会馆成立四十五周年纪念特刊．曼谷：泰国潮州会馆，1986

三、论文、报道

张秀蓉．清代会馆的社会功能：地缘、商帮与祠祀．台湾师范大学历史研究所博士论文，1998

蔡鸿生．清代苏州的潮州商人．潮汕历史文化研究中心，汕头大学潮汕文化研究中心．潮汕文化论丛初集．广州：广东省高等教育出版社，1992

蔡志祥．从遗嘱看近代潮汕家族企业的发展：以香港乾泰隆—曼谷黉利陈氏家族为例．王赓武．香港研究资料丛刊（创刊号）．香港：三联书店，1998

蔡志祥．区域研究与国际视野：潮州、香港与东南亚．行龙，杨念群．区域社会史比较研究．北京：社会科学文献出版社，2006

陈春声．从“游火帝歌”看清代樟林社会．潮学研究（第1辑）．汕头：汕头大学出版社，1993

陈春声．“八二风灾”所见之民国初年潮汕侨乡．潮学研究（第6辑）．汕头：汕头大学出版社，1997

陈春声．天后故事与社区历史的演变：樟林四个天后宫的研究．潮学研究（第8辑）．广州：花城出版社，2000

陈春声．《历代宝案》所见之清代潮州商人的海上贸易活动．潮学研究（第9辑）．广州：花城出版社，2001

陈春声．从“倭乱”到“迁海”——明末清初潮州地方动乱与乡村社会变迁．明清论丛（第2辑）．北京：紫禁城出版社，2001

陈奕波．榕城陈泰兴．揭阳日报，2010－04－18

道在瓦斋．谈瓷别录1．岭南学报．1936，5（1）

杜赞奇．刻画标志：中国战神关帝的神话．韦思谛．中国大众宗教．南京：江苏人民出版社，2006

冯先铭．中国古代外销瓷的问题．海交史研究，1981（2）

何翠媚．曼谷的华人庙宇：19世纪中泰社会资料来源．海交史研究，1996（2）

黄挺．潮州古代商贸港口研究．潮学研究（第1辑）．汕头：汕头大学出版社，1993

黄挺，杜经国．潮汕地区古代的水利建设．潮学研究（第2辑）．汕头：汕头大学出版社，1994

黄挺．潮汕地区元明清时期粮食产量探估．潮学研究（第3辑）．汕头：汕头大学出版社，1995

黄挺．海禁政策对明代潮州社会的影响．海交史研究，1996（1）

黄挺．移民与潮汕和东南亚的文化交流．海交史研究，1998（1）

黄挺．明清时期的韩江流域经济区．中国社会经济史研究，1999（6）

黄挺．明代后期闽粤之交的海洋社会：分类、地缘关系与组织原理．海交史研究，2006（2）

黄挺．明代前期潮州的海防建置与地方控制．广东社会科学，2007（3）

黄光武．澄海樟林民俗．潮学研究（第11辑）．汕头：汕头大学出版社，2004

黄玉质，杨少祥．广东潮州笔架山宋代瓷窑．考古，1983（6）

焦鹏．清初潮州的对日贸易．潮学研究（第13辑）．广州：花城出版社，2008

科大卫，刘志伟．宗族和地方社会的国家认同．历史研究，2000（3）

李伯重．“乡土之神”、“公务之神”与“海商之神”——简论妈祖形象的演变．中国社会经济史研究，1997（2）

李龙潜．明代广东对外贸易及其对社会经济的影响．明清广东社会经济形态研究．广州：广东人民出版社，1985

林金枝．闽粤侨乡族谱研究．谱牒学研究（创刊号）．北京：书目文献出版社，1989

林京志．乾隆年间由泰国进口大米史料选．历史档案，1985（1）

马济芝．潮州华侨历史和状况．政协潮州市文史资料征集编写委员会．潮州文史资料（第7辑）．1988

［日］岩生成一．近世日中贸易数量的考察．史学杂志，1963，62（11）

许振声．潮城小商贩素描．政协潮州市委员会文史编辑组．潮州文史资料（第18辑）．1998

许振声．潮州城私营工商业的经营之道．政协潮州市委员会文史编辑组．潮州文史资料（第24辑）．2004

杨少祥．广东青花瓷器初探．亚洲古代瓷窑技术．香港：香港大学出版社，1990

杨锡铭．扫描海外潮人信奉的神明．政协潮州市委员会文史编辑组．潮州文史资料（第25辑）．2005

杨作为．泰国华人社会与经济之变化和中泰经济合作的前景．汕头侨史论丛（第4辑）．汕头：汕头华侨历史学会，1999

粘天生．会馆释义．潘醒农主编．新加坡潮州八邑会馆金禧纪念刊．新加坡：新加坡潮州八邑会馆，1980

张映秋．近代潮汕人民相外移殖及其对潮汕经济开发的影响．华侨华人史研究集．北京：海洋出版社，1989

赵伯群．古潮州港口变迁与海上贸易．潮州市志资料编辑部．潮州市志资料（第3辑）．潮州：潮州市地方志办公室，1988

郑启昭．解放前潮州竹类、土纸业剖析．政协潮州市文史资料征集编写委员会．潮州文史资料（第4辑）．1985

庄义青．宋代潮州古城的城市建设．韩山师专学报，1989（1）